会计学国家级一流本科专业教材
江苏省品牌专业建设工程项目
“十四五”江苏省工商管理重点学科建设项目

新编会计实务综合模拟训练

New Accounting Practice Comprehensive Simulation Training

主　编　朱学义　朱亮峰　李文美
副主编　刘建勇　吕延荣　高玉梅

中国财经出版传媒集团
经济科学出版社
Economic Science Press
·北京·

图书在版编目（CIP）数据

新编会计实务综合模拟训练 / 朱学义，朱亮峰，李文美主编；刘建勇，吕延荣，高玉梅副主编. -- 北京：经济科学出版社，2025. 3. --（会计学国家级一流本科专业教材）（江苏省品牌专业建设工程项目）（“十四五”江苏省工商管理重点学科建设项目）. -- ISBN 978 - 7 - 5218 - 6830 - 2

Ⅰ. F233

中国国家版本馆 CIP 数据核字第 2025AJ8265 号

责任编辑：武献杰
责任校对：郑淑艳
责任印制：邱　天

新编会计实务综合模拟训练
XINBIAN KUAIJI SHIWU ZONGHE MONI XUNLIAN
主　编　朱学义　朱亮峰　李文美
副主编　刘建勇　吕延荣　高玉梅
经济科学出版社出版、发行　新华书店经销
社址：北京市海淀区阜成路甲 28 号　邮编：100142
编辑部电话：010 - 88191441　发行部电话：010 - 88191522
网址：www. esp. com. cn
电子邮箱：esp_bj@ 163. com
天猫网店：经济科学出版社旗舰店
网址：http：//jjkxcbs. tmall. com
固安华明印业有限公司印装
787 × 1092　16 开　21. 75 印张　460000 字
2025 年 3 月第 1 版　2025 年 3 月第 1 次印刷
ISBN 978 - 7 - 5218 - 6830 - 2　定价：55. 00 元

前　言

1995年3月，朱学义教授出版《会计实务训练与考核》教材第1版，2016年7月出版到第4版。2017年9月起至今，朱学义教授被南通理工学院特聘为二级教授、财务管理专业建设负责人。2019年12月，中国矿业大学会计学专业被评为国家级一流本科专业建设点，朱学义教授被聘为建设专家。2020年6月、2024年9月中国矿业大学会计学专业被列入江苏高校品牌专业建设第二期（2024年9月验收为“优秀”）、第三期工程名单。国家级一流专业和江苏省品牌专业建设对“实验实训条件建设”提出的要求是：进行实践教学平台建设、校企（地）协同育人平台建设、数字化教学与信息化管理平台建设；学校要与地方政府、企事业单位等社会资源共同合作，搭建对接平台，开展专业共建，对人才培养进行协同管理；扩展专业的社会服务领域和发展空间，建立资源共享机制，将社会优质教育资源转化为教育教学内容。为了适应新时期财务管理专业、会计学专业建设培养应用型高级人才的需要，我们按照国家一流专业和江苏省品牌专业建设要求，出版这本《新编会计实务综合模拟训练》教材，以实现“实验实训条件建设”的基本目标。

对高校财务管理专业、会计学专业学生开展会计实务综合训练是将现场会计岗位实务操作的业务进行整合而进行的综合性训练。在会计实务综合训练过程中，财政部《会计基础工作规范》规定的会计工作岗位被综合性的会计业务连接在一起。这些会计工作岗位包括出纳岗、存货岗、固定资产岗、职工薪酬岗、融资岗、纳税岗、成本费用岗、财务报表岗、会计电算化岗等。由于这些岗位的会计工作比较单一、零散，不利于培养学生会计实务综合处理能力，故本教材是模拟现场会计实务情景及操作流程所进行的，让学生进行一次“现场会计”的综合性训练。

与前四版教材比，本次出版的重要内容变化情况如下：

（1）按财政部自2020年1月1日起实施新的《企业会计准则》（2020年版）和《企业会计准则应用指南》（2020年版）变化内容对整个教材作了修改。主要包括职工薪酬核算的变化、长期股权投资核算的变化、债权投资核算的变化、公允价值计量的变化、所有者权益核算的变化、会计报表内容的变化等。

(2) 鉴于网上银行、网上转账、电子汇兑业务已在会计实践中广泛应用，与银行有关的结算凭证全部进行了更新。

(3) 近几年来，我国“营业税”改征“增值税”的工作推广很快，已由原来工商行业扩展到交通运输业、现代服务业、建筑及房地产业、邮政电信业、金融业等各行业，与“营改增”行业有关的发票和收据发生了变化，且推广应用了电子发票（增值税数电发票），本教材进行了更新。

本教材按会计工作业务流程设计了与企业生产经营过程全部相连贯的129笔典型经济业务，提供了各种原始空白凭证、账页和全套会计报表，可以让上岗人员以各个会计岗位为背景，模拟操作从填制原始凭证开始到编制出全部会计报表为止的全过程，用以提高学生的专业动手能力，满足和适应会计上岗的需要。

对财务管理专业、会计学专业学生开展会计实务综合训练，一般安排在大学四年级第一学期末或第二学期初，集中训练6周，其中，4周手工操作，2周电算化操作，学生最终提交一整套装订成册的与现场会计资料相当的凭证、账簿和报表，以便为今后选择会计职业岗位提供应聘基础。

本教材具有三个主要特征：一是内容新，主要反映了《企业会计准则》、国家税制改革、银行结算系统变化的新内容；二是实用性强，从会计工作岗位的实际出发，设置了现场广泛应用的原始凭证、记账凭证、各种账簿和报表，让学生在学校尝试了现场会计的操作过程；三是经济业务典型化，即选择工业企业最常见的、最基本的经济业务进行核算，且要求学生提供的训练成果——会计资料标准化、规范化。

加强课程思政教育是本次教材修订的重要内容。由于会计实务综合训练是分6周训练学生的会计实务处理能力，课程思政要贯穿于实训的全过程，突出的要点是：(1) 培养学生爱岗敬业的执业品德。学生每处理一笔经济业务，都要仔细、认真，一丝不苟。(2) 培养学生诚实守信的思想品德。不做假账，是会计人员的基本操守。联系到会计实训过程，就是要按国家规定的方针政策、会计准则处理会计业务，不搞虚假账册，保守企业的商业秘密，不抄袭其他学生的答案欺骗老师，不做失德、缺德的事情等。(3) 培养学生客观公正的工作作风。客观性原则是会计信息质量要求的首要原则。学生在填制原始凭证的过程中要学会判断原始凭证的合法性、合规性，保证原始凭证真实可靠，为今后依法办事堵住不法行为筑好防线；同时，学生要实事求是，不偏不倚，如实反映经济业务的实情。模拟企业主管签字时，要明白会计人员保持独立性的重要性，未来工作时不能被任何单位、任何个人的不良行为或倾向左右。成本计算要精准，结转成本要真实，不能听从领导授意无原则加大或缩小成本来调节利润等。

本教材原稿由朱学义教授编写。本教材第一章至第三章的修改内容由朱亮峰副教授（博士）编写，第四章、第五章的修改内容由李文美副教授（博士）和南通理工学院高玉梅副教授（在读博士）编写，第六章、第七章的修改内容由刘建勇副教授（博士）和南通理工学院吕延荣副教授（高级会计师、在读博士）编写，教材中各章思政教育内容和所附二维码链接的微视频由吕延荣、李佳铭（企业院长）、孙自愿（教授、博士生导师）、周亮（高级经济师、副校长）摄录制作。本教材最终由朱学义教授总纂定稿。

对本教材修订（改）中存在的缺点和错误，恳请读者批评指正，以便进一步修改和完善。

编 者

2025 年 1 月

目　录

第一章　会计实务综合训练要求 …… 1

第一节　会计实务综合训练的基本设计 …… 1

第二节　进行会计实务综合训练的基本要求 …… 2

第三节　会计业务处理思政教育要求 …… 2

第二章　会计实务训练的基础资料 …… 6

第一节　期初各账户的余额 …… 6

第二节　有关计算资料 …… 9

第三节　有关报表资料 …… 11

第三章　会计实务综合训练业务 …… 16

第一节　处理会计实务所运用的会计政策 …… 16

第二节　会计综合训练的经济业务 …… 17

第四章　会计实务综合训练步骤 …… 28

第一节　填制有关原始凭证 …… 28

第二节　编制记账凭证和有关分配表 …… 28

第三节　登记库存现金日记账 …… 29

第四节　登记银行存款日记账 …… 29

第五节　登记明细账 …… 31

第六节　编制科目汇总表及登记总账 …… 60

第七节　会计实务综合训练思政教育要求 …… 60

第五章　会计实务综合训练的会计报表资料 …… 69

第一节　编制的财务报表 …… 69

第二节　编制的成本报表 …… 83

第三节　会计报表编制的思政要求 …… 95

第六章　会计实务分配表及汇总表的编制 …… 107

第一节　编制的分配表 …… 107

第二节 编制的汇总表 …… 127

第七章 会计实务原始凭证的填制 …… 139

第一节 基本业务原始凭证 …… 139

第二节 计算汇总业务原始凭证 …… 303

第三节 会计原始凭证填制的思政教育要求 …… 333

主要参考文献 …… 338

第一章　会计实务综合训练要求

第一节　会计实务综合训练的基本设计

企业的会计核算工作，是由各个岗位的会计完成的。会计人员能否上岗，取决于其基本条件和业务素质；同时，已上岗的人员要想进一步扩充知识，精通全部业务，还必须轮换岗。为此，我们设计了一整套会计业务，让大家模拟操作，为从事会计实际工作和提高岗位能力水平打下基础。

一、会计实务综合训练的目的要求

（一）目的

会计实务综合训练的目的是：掌握企业会计的整个核算过程，达到会记账、会算账、弄清会计账簿体系及其各种数据的来龙去脉，为会计资料使用者提供有关的经济决策信息。

（二）要求

进行会计实务综合训练要求做到：根据所提供的经济业务会填制有关原始凭证；根据原始凭证会编制记账凭证；根据记账凭证会登记现金日记账、银行存款日记账和有关明细账；会利用账簿资料编制有关分配表，计算产品成本和利润；会编制科目汇总表等进行试算平衡，进而登记总账；会编制财务报表和成本报表，包括资产负债表、利润表、现金流量表、资产减值准备明细表、所有者权益变动表、营业收支明细表、应交税费明细表、产品生产成本表、主要产品单位成本表、制造费用明细表、销售费用明细表、管理费用明细表、财务费用明细表、投资收益明细表、营业外收支明细表、产品生产及销售成本表。

在组织学生进行会计实务综合训练的过程中，要将学生的思想政治教育工作（以下简称思政教育）同会计实务操作结合，即在学生实务训练过程中体现思政教育，思政教育贯穿于实务训练过程。

二、会计实务综合训练的形式

会计实务综合训练在原教材中称“全能考核”，与会计“岗能考核”相对应，后者是前者的基础。会计实务综合训练是指按所给经济业务顺序进行全面操作，完成规定的任务，也就是说，一个人能干全部会计工作。而会计“岗能考核”是指按会计岗位分工进行各个岗位的会计核算工作的考核。

三、会计实务综合训练的时间安排

参加会计实务综合训练的人员必须已学过《基础会计》《财务会计》《成本会计》等课程，经过会计岗位实务训练，或者从事会计工作多年，熟悉全部经济业务。会计实务综合训练时间的长短取决于实践教学大纲的规定。

会计实务综合训练一般安排在大学四年级第一学期倒数第 6 周开始，或者安排在大学四年级第二学期开学时进行。会计实务综合训练共安排 6 周时间，其中，4 周手工操作，2 周电算化操作。财务管理专业、会计学专业的学生进行会计实务综合训练时，应用现场会计业务的仿真原始凭证，购置用现场会计使用的全部真实记账凭证和会计账表进行操作，学生最终要提交一整套手工操作装订成册的和现场会计资料相当的凭证、账簿和报表，然后转入会计电算化操作过程。电算化会计使用财务商用软件（用友、金蝶、安易等财务软件），操作步骤是：建立账套，完成初始化，输入凭证，进行审核、记账、账簿查询，编制报表等。

第二节　进行会计实务综合训练的基本要求

进行会计实务综合训练的基本要求就是对学生（员）的训练要评价记分，即评定学生（员）的训练成绩。

本课程为财务管理专业、会计学专业的专业实践性课程。学生成绩采用综合评定方式，即综合成绩 = 平时实训到课成绩 × 10% + 平时实训作业成绩 × 30% + 学生实训考试成绩 × 60%。平时实训到课成绩根据上课考勤情况、课堂听课情况、上课回答问题情况评定；平时实训作业成绩根据学生进行会计各岗位技能训练所提交的会计资料采用百分制判分得出。

需要说明的是，对于会计实务训练的业务分，在集中（时间）训练方式下，每天布置训练任务，要用小考卷记小分，全部业务训练完毕，要出大考卷记大分，大小分加权平均确定业务综合分，在分散考核方式下，用平时成绩和最终考试成绩综合定分。

第三节　会计业务处理思政教育要求

通常认为，财务管理专业、会计学专业学生进行实训的主要目的是了解会计实际工作的全过程，将书本知识同实际知识“对号”，进一步弥补书本知识的不足。在这种思想指导下，财务管理专业、会计学专业学生做实训，仅仅是为了提高业务技术水平。然而，我们在会计实务综合训练中却深深体会到，在实训过程中对学生进行思想品德教育显得格外重要。下面结合会计实务训练工作的实际，提出会计业务处理思政教育要求。

一、“做事先做人”是当代教育工作的基本思想

考察近代世界教育状况，受经济和社会发展环境的影响，人才培养模式和目标经历了三个过程：一是传授知识的过程。从传统做法看，学校教育就是传授知识，人们往往把学生获取知识的多少作为衡量教育成败的主要标准。19 世纪，培根提出的“知识就是力量”的名言，对知识的传授和获取起了很大的作用。事实上，不论哪个教育派别，都把传授知识作为培养人才的一个重要因素。二是能力培养的过程。进入 20 世纪，随着科学技术的发展，知识量剧增，科技向生产力转化加速，特别是工业化进程的加速，人们逐渐认识到，光有知识是不够的，应该在知识的基础上加强能力的培养，这时，人才能力的培养才越来越受到重视。三是素质培养的形成。随着人类社会向信息化时代迈进，高新技术向生产和生活方面挺进，各种文化的融合，经济发展的加速和竞争的加剧，从 20 世纪 80 年代开始，人们感到，人才培养只局限于知识和技能不够，还需要有一个使学生在知识和能力方面更好地发挥作用的东西，这就是素质的培养。

1996 年，联合国教科文组织发布的《教育——财富蕴藏其中》报告明确提出了“教育的四个支柱”，即“学会认知”“学会做事”“学会共同生活”“学会发展”。其中，后两个支柱就含有“做人”意思。2021 年 4 月 19 日，习近平总书记在清华大学考察时提出：教师要成为大先生，做学生为学、为事、为人的示范，促进学生成长为全面发展的人。可见，做学问、做事和做人是密切结合的，要做学问，要先做人，做好人，才能做好事。会计实务综合训练不仅仅是让学生学“知识”，学“技术”，同时也要让学生学“做人”，是会计职业素质的综合提高①。

二、学生实训过程中出现的问题迫切要求我们进行思想品德教育

（一）实训中替别人“造假”不是一件小事

我们在带会计实务综合训练课的过程中，有一件事使我们感到十分不安：有一位学生没有来实训室做实训，但最终这位缺席的学生却在课堂上提交了实训报告。经过核对笔迹，我们查出了“帮忙者”——他的组长。我们认为，无

① 朱学义．论会计学专业素质型培养目标［J］．会计之友，2007（1）：84－86.

中生有，编造实训报告，骗取成绩，是一种不道德行为。我们对这位组长进行了严肃的教育，让他明白，今天为了“哥儿们义气”伪造实训报告，未来当了会计，为了某种需要就有可能造假。“实训造假”为“会计造假”埋藏了隐患，而会计造假是极为有害的。

（二）实训资料上随便涂改是一种不负责任的行为

学生进入会计实务综合训练室做实训的时候，只要一出差错，往往有四种方法自我解决：一是用涂改液将错误内容覆盖掉；二是用胶带纸将错误内容粘掉；三是用橡皮擦将错误内容擦掉；四是在错误的内容上直接划杠或划圈。这些行为，是学生在中学时代就普遍采用的行为在大学阶段的延续。然而，学生学了财务管理专业、会计学专业后，了解了这种行为是“会计记账规则”所禁止的内容。财政部颁布的《会计基础工作规范》第六十二条规定：账簿记录发生错误，不准涂改、挖补、刮擦或者用药水消除字迹，必须按照规定方法进行更正。我们当实训老师的教学生做实训，要培养学生的工作责任心，培养学生遵章守纪的工作作风，不能随随便便让学生蔓延着这种不良习惯或不合规行为。

（三）违反实训正常程序是一种不严谨的行为

我们在教学生做会计的实训过程中，往往将现场会计资料和程序移到学校来进行，即将现场的经济业务用空白原始凭证的形式打印出来，先让学生填制各种原始凭证，然后购置现场使用的记账凭证和各种账页（簿），让学生根据已填制的原始凭证编制记账凭证，再据以登记各种账簿。这样的实训项目较多。而当我们让学生做实训时，有些学生“分工合作”，直接揭示最终结果，再把结果抄在实训资料上。这样做，达不到体验现场实际会计工作的流程和效果。我们感到，应该对学生进行“循规蹈矩”的职业素质教育，让他们明白，遵守会计的规定程序，就是在遵章守法，它是一种规范的工作，也是一种严谨的作风。

三、在学生实训过程中重点抓好五种思想品德教育

（一）进行职业品行教育

职业品行教育包括事业心、责任心、敬业精神、奉献精神、职业道德、团结协作、文明修养等教育。

要使学生有良好的职业品行，先要教育学生有良好政治思想素质。因此，我们在实训课前、课中乃至课后，都要有政治思想素质教育的内容，包括：要求学生坚持党的四项基本原则，把坚定正确的政治方向放在首位，树立远大的理想和信念，形成正确的世界观、人生观和价值观，弘扬爱国主义精神，发扬艰苦创业的传统，掌握处理经济问题的科学的方法论。

（二）进行职业道德教育

会计职业道德分为六个层次：一是职业道德的基准。它是任何职业都必须遵守的社会主义公共道德，包括：为人民服务的观念，集体主义精神，爱祖国、爱人民、爱劳动、爱科学、爱社会主义的“五爱”思想，团结互助、平等合作的作风，文明礼貌、助人为乐、爱护公物、保护环境、遵纪守法的一般社会公德等。二是会计职业的情操。包括热爱会计本职工作、安心会计本职工作和乐于会计本职工作等。三是会计职业的态度。包括认真、仔细、诚实、守信、公正（道）、积极主动、富有创造性。四是会计职业的责任。包括：对待会计工作的责任心（感），会计职责的履行（尤其是讲原则，讲方法），奉献社会的精神，正确的荣誉观等。五是会计职业的作风。包括循规蹈矩、实事求是、当“家”节俭、服务耐心、讲求效率和效益等。六是会计职业的纪律。包括遵纪守法、保守机密、清正廉洁、自警自律等。

（三）进行职业素质教育

会计职业素质①分为四大层次：一是会计职业素质的基本品质，包括诚实、正直、心胸坦荡、大公无私、严于律己等。朱镕基同志曾经题词要求会计人员“诚信为本，操守为重，坚持准则，不做假账”。我们认为，提高大学生的职业素质，首先要让大学生做到“诚信为本”。“诚信为本”是会计职业素质的基点。二是会计职业素质的基本态度，包括人生的意义、人生的价值取向、审美情感、人的基本关系。其中，搞好人的基本关系就是要求会计人员在处理会计业务时，应正确处理人与自然、人与社会以及自我与他人之间的关系，把执行会计准则、会计政策、会计制度同搞好人的关系结合，做“和谐会计”的模范。三是会计职业的业务素质，包括会计业务知识及相关知识、会计技能操作和会计技术创新等方面。四是会计职业的身体心理素质，指从事会计工作的人员所具有的体质、情感、意志、性格、气质和能力等。

① 朱学义．论高校会计专业学生的综合素质［J］．广西会计，2000（12）：34－37．

第二章　会计实务训练的基础资料

财务管理专业、会计学专业学生进行会计实务综合训练以江海市龙城电机厂的资料为基础（本教材举例的企业资料为虚拟）。江海市龙城电机厂账号为535358102340，开户行为江海市中国银行龙城支行，行号为24202，增值税纳税登记号为320303100210636，地址在湖州路8号，电话为88608502。企业为一般纳税人，增值税税率为13%，所得税税率为25%。该厂生产多种起动电机和变速电动机，设有一、二两个基本生产车间分别生产这两种产品，另外设有两个辅助生产车间——工具车间和机修车间（该厂根据管理需要，将“生产成本”科目分解为“基本生产成本”和“辅助生产成本”两个科目）。起动电动机不分品种、规格和批别混合生产，按定额比例法计算成本。变速电动机和试制新产品按产品分批投产，按分批法计算成本。

第一节　期初各账户的余额

江海市龙城电机厂20××年期初各账户余额资料如下：

1. 资产类账户

江海市龙城电机厂20××年12月初及年初资产类账户余额见表2-1。

表2-1　　江海市龙城电机厂20××年12月初及年初资产类账户余额　　单位：元

账户名称	本年12月初余额	本年初余额
库存现金	187	200
银行存款	237 425.4	256 300
交易性金融资产	214 100	535 000
应收票据	10 200	20 500
应收账款	551 430	560 000
坏账准备	-1 680	-1 680
其他应收款	400	1 800
预付账款——市建筑一公司	5 000	—
——财产保险	380	10 480
材料采购——原材料采购	5 000	6 500
原材料	550 000	380 000

续表

账户名称	本年12月初余额	本年初余额
包装物	50 000	48 000
低值易耗品	145 000	170 000
——在库	150 000	160 000
——在用	100 000	120 000
——摊销	-105 000	-110 000
材料成本差异	25 000	-26 920
——原材料差异	22 000	-25 600
——包装物差异	5 000	2 880
——低耗品差异	-2 000	-4 200
基本生产	427 288	413 000
库存商品	220 600	210 020
长期股权投资	154 600	154 600
固定资产	3 788 600	3 568 000
累计折旧（贷余）	269 000	1 094 000
工程物资	130 000	135 000
在建工程	12 469.6	—
——自制设备工程（#356定单）	12 469.6	—
无形资产	135 400	135 400
累计摊销（贷余）	11 500	—
长期待摊费用	77 500	87 500
递延所得税资产	420	420
资产类账户合计	5 458 820	5 570 120

2. 权益类账户

江海市龙城电机厂20××年12月初及年初权益账户余额见表2-2。

表2-2　江海市龙城电机厂20××年12月初及年初权益账户余额　单位：元

账户名称	本年12月初余额	本年初余额
短期借款	445 000	384 400
应付账款	396 000	489 000
应付职工薪酬	88 390	86 200
应交税费	52 490	95 900
应付股利	—	262 100

续表

账户名称	本年12月初余额	本年初余额
应付利息	20 280	—
——短期借款利息	20 280	—
长期借款	647 031	996 672
其中：一年内到期的借款①	20 000	369 641
应付债券	120 019	120 328
实收资本	2 814 000	2 814 000
——国家资本	2 251 200	2 251 200
——法人资本	562 800	562 800
资本公积	23 000	23 000
盈余公积	98 952	98 952
本年利润②	554 090	—
利润分配（贷余）	199 568	199 568
权益类账户合计	5 458 820	5 570 120

注：①本年年底确定的一年内到期的长期借款为30 000元，在编制年终资产负债表时考虑。
②554 090＝1～11月累计利润总额（827 000）－1～11月累计所得税（272 910）。

3. 基本生产明细账月初在产品成本

江海市龙城电机厂20××年12月初基本生产明细账在产品成本见表2－3。

表2－3　　江海市龙城电机厂20××年12月初基本生产明细账在产品成本　　单位：元

项目		直接材料	直接人工	制造费用	合计
基本生产	起动电机	285 000	18 236	88 000	391 236
	#218 定单变速电动机	22 160	244	1 200	23 604
	#225 定单变速电动机	10 360	288	1 800	12 448
合计		317 520	18 768	91 000	427 288

4. 库存商品明细账月初结存

江海市龙城电机厂20××年12月初库存商品明细账见表2－4。

表2－4　　江海市龙城电机厂20××年12月初库存商品明细账

产品名称	数量（台）	单位成本（元）	金额（元）
ST700 起动电动机	300	295	88 500
ST60 起动电动机	500	85	42 500
ST90 起动电动机	1 000	40	40 000
ST8 起动电动机	800	48	38 400
7.3/22kW380V 变速电动机	10	1 120	11 200

5. 固定资产月初分布情况

江海市龙城电机厂20××年12月初固定资产分布情况见表2－5。

表2－5　　江海市龙城电机厂20××年12月初固定资产分布情况　　单位：元

一、生产用固定资产		355 000
一车间	厂房	286 000
	机器设备	1 990 000
二车间	厂房	676 000
	机器设备	364 000
机修车间	厂房	32 000
	机器设备	46 000
工具车间	厂房	26 000
	机器设备	26 000
管理部门房屋		104 000
二、非生产用固定资产——房屋		140 000
三、未使用固定资产——设备		71 600
四、租出固定资产——设备		27 000
五、固定资产原值合计		3 788 600

6. 原材料月初结余额

原材料月初结余额中包括三星公司发来的材料一批，该材料上月末已验收入库，但发票未到，上月末按计划成本1 000元暂估入账。“材料采购”月初余额5 000元为在途材料，系向京卫工厂购材料一批的货款，该批材料全部款项已付，但到上月底材料仍未到达。

第二节　有关计算资料

一、龙城电机厂20××年1～11月累计产品销售资料

龙城电机厂20××年1～11月累计产品销售资料见表2－6。

表2－6　　龙城电机厂20××年1～11月累计产品销售资料

产品名称		销售数量（台）	主营业务收入（元）	主营业务成本（元）	主营业务税金及附加（元）	主营业务利润（元）
起动电动机	ST700	4 375	1 704 270	1 295 630	9 697	398 943
	ST60	9 850	1 247 280	899 515	7 097	340 668
	ST90	24 080	1 524 620	1 100 362	8 675	414 583
	ST8	17 472	1 264 400	932 851	7 194	324 355

续表

产品名称		销售数量（台）	主营业务收入（元）	主营业务成本（元）	主营业务税金及附加（元）	主营业务利润（元）
变速电动机	10/30kW346V	66	254 950	244 800	1 451	8 699
	7.3/22kW380V	332	521 465	385 780	2 962	132 723
合计		—	6 516 985	4 859 938	37 076	1 619 971

二、产成品数量及有关资料

龙城电机厂20××年1～11月产成品数量及有关资料见表2－7。

表2－7　　龙城电机厂20××年1～11月产成品数量及有关资料

产品名称或成本项目	1～11月累计		本月完工产品数量（台）	单台材料定额成本（元）	单台工时定额（小时）	上年实际单位成本（元）	1～11月累计销售数量（台）	年初结存产成品	
	完工产品产量（台）	实际总成本（元）						数量（台）	成本（元）
一、主要产品									
1. ST700起动电动机	4 400	1 298 880	500	250	30	314	4 375	275	85 250
直接材料		988 680				238			
直接人工		57 640				15			
制造费用		252 560				61			
2. ST60起动电动机	9 900	875 200	1 000	70	10	90	9 850	450	39 600
3. ST90起动电动机	24 200	1 070 200	2 000	30	6	45	24 080	880	37 840
4. ST8起动电动机	17 600	891 800	1 500	40	6	52	17 472	672	33 650
5. 380V变速电动机	330	383 300	30	—	—	1 188	332	12	13 680
二、非主要产品									
1. 346V变速电动机	66	244 800	10	—	—	—	66	—	—
2. #605新产品	—	—	1	—	—	—	—	—	—

三、本月发出材料差异率资料

本月发出材料除低值易耗品、委托加工材料或题目明确标注按月初差异率调整为实际成本外，其余均按本月差异率调整计算。

第三节　有关报表资料

一、资产负债表资料

龙城电机厂20××年11月30日资产负债表见表2-8。

表2-8　　　　　　　　**资产负债表**

单位名称：龙城电机厂　　　　20××年11月30日　　　　单位：元

资产	年初数	期末数	负债及所有者权益	年初数	期末数
货币资金	256 500	237 612.4	短期借款	384 400	445 000
交易性金融资产	535 000	214 100	应付账款	489 000	396 000
应收票据	20 500	10 200	应付利息	—	20 280
应收账款	558 320	549 750	应付职工薪酬	86 200	88 390
预付账款	10 480	5 380	应交税费	95 900	52 490
其他应收款	1 800	400	应付股利	262 100	—
存货	1 200 600	1 422 888	一年内到期的借款	369 641	20 000
其他流动资产	—	—	长期借款	627 031	627 031
长期股权投资	154 600	154 600	应付债券	120 328	120 019
固定资产	2 474 000	2 519 600	负债合计	2 434 600	1 769 210
工程物资	135 000	130 000	实收资本	2 814 000	2 814 000
在建工程	—	12 469.6	资本公积	23 000	23 000
无形资产	135 400	123 900	盈余公积	98 952	98 952
长期待摊费用	87 500	77 500	未分配利润	199 568	753 658
递延所得税资产	420	420	所有者权益合计	3 135 520	3 689 610
资产总计	5 570 120	5 458 820	负债及所有者权益总计	5 570 120	5 458 820

二、现金流量表资料

龙城电机厂20××年11月现金流量表见表2-9。

表2-9　　　　　　　　**现金流量表**

编制单位：龙城电机厂　　　　20××年11月　　　　单位：元

项目	行次	金额	补充资料	行次	金额
一、经营活动产生的现金流量			1. 将净利润调节为经营活动现金流量		
销售商品、提供劳务收到的现金流量	1	7 672 042	净利润	57	554 090

续表

项目	行次	金额	补充资料	行次	金额
收到的税费返还	2		加：计提的资产减值准备	58	
收到其他与经营活动有关的现金	8	88 265	固定资产折旧	59	255 000
经营活动现金流入小计	9	7 760 307	无形资产摊销	60	11 500
购买商品、接受劳务支付的现金	10	5 411 858	长期待摊费用摊销	61	28 260
支付给职工以及为职工支付的现金	12	571 900	处置固定资产、无形资产和其他长期资产的损失（减：收益）	66	－1 300
支付的各种税费	13	685 473	固定资产报废损失	67	10 000
支付的其他与经营活动有关的现金	18	614 890	财务费用	68	51 610
经营活动现金流出小计	20	7 284 121	投资损失（减：收益）	70	－47 000
经营活动产生的现金流量净额	21	476 186	递延所得税资产减少（减：增加）	71	
二、投资活动产生的现金流量			递延所得税负债增加（减：减少）	72	
收回投资所收到的现金	22	493 200	存货的减少（减：增加）	73	－268 280
取得投资收益所收到的现金	23		经营性应收项目的减少（减：增加）	74	15 270
处置固定资产、无形资产和其他长期资产而收到的现金净额	25	24 000	经营性应付项目的增加（减：减少）	75	－143 064
处置子公司及其他营业单位收到的现金净额	26		其他	76	10 100
收到其他与投资活动有关的现金	28		经营活动产生的现金流量净额	77	476 186
投资活动现金流入小计	29	517 200			
购建固定资产、无形资产和其他长期资产所支付的现金	30	304 193.6	2. 不涉及现金收支的投资和筹资活动		
投资支付的现金	31	125 300	债务转为资本	78	
取得子公司及其他营业单位支付的现金	32		一年内到期的可转换债券	79	
支付其他与投资有关的现金	35		融资租入的固定资产	80	
投资活动现金流出小计	36	429 493.6			
投资活动产生的现金流量净额	37	87 706.4	3. 现金及现金等价物增加情况：		
三、筹资活动产生的现金流量			现金的期末余额	81	237 612.4
吸收投资所受到的现金	38		减：现金的期初余额	82	256 500
取得借款所受到的现金	40	60 600	加：现金等价物的期末余额	83	
收到的其他与筹资有关的现金	43		减：现金等价物的期初余额	84	
筹资活动现金流入小计	44	60 600	现金及现金等价物净增加额	85	–18 887.6
偿还债务所支付的现金	45	349 641			
分配股利、利润和偿付利息所支付的现金	46	293 539			

续表

项目	行次	金额	补充资料	行次	金额
支付其他与筹资有关的现金	52	200			
筹资活动现金流出小计	53	643 380			
筹资活动产生的现金流量净额	54	－582 780			
四、汇率变动对现金的影响	55				
五、现金及现金等价物净增加额	56	－18 887.6			
加：期初现金及现金等价物余额	57	256 500			
六、期末现金及现金等价物余额	58	237 612.4			

三、制造费用和管理费用资料

龙城电机厂20××年1～11月制造费用、管理费用实际发生情况及上年实际发生、本年计划情况见表2－10。

表2－10　　龙城电机厂制造费用和管理费用资料　　单位：元

费用项目	制造费用			管理费用		
	上年全年实际发生	本年计划	本年1～11月累计实际发生	上年全年实际发生	本年计划	本年1～11月累计实际发生
工资	40 995	36 918	31 558	66 000	67 000	61 600
职工福利费	5 739	5 169	4 418	9 240	9 380	8 624
工会经费	820	738	631	1 320	1 340	1 232
职工教育经费	615	554	473	990	1 005	924
医疗保险费	4 100	3 692	3 156	6 600	6 700	6 160
养老保险费	4 919	4 430	3 787	7 920	8 040	7 392
失业保险费	410	369	316	660	670	616
住房公积金	4 304	3 876	3 314	6 930	7 035	6 468
劳动保险费				278 730	291 390	269 375
折旧费	209 000	221 000	217 660	18 760	27 100	26 368
修理费	91 000	89 600	71 060	27 900	27 000	9 950
办公费	18 000	16 500	13 640	24 000	21 800	19 900
水电费	189 000	188 260	158 400	12 000	11 800	10 340
（机）物料消耗	478 000	480 000	130 436	26 400	24 000	21 600
劳动保护费	6 400	6 600	5 280	—	—	—
差旅费	4 200	4 000	4 100	8 700	8 300	8 000

续表

费用项目	制造费用			管理费用		
	上年全年实际发生	本年计划	本年1~11月累计实际发生	上年全年实际发生	本年计划	本年1~11月累计实际发生
保险费	4 870	5 210	4 770	480	510	451
低值易耗品摊销	298 000	290 000	285 000	5 400	5 240	4 180
运输费				25 900	25 700	20 680
研究费用				132 000	132 300	116 800
税金				10 000	10 600	7 900
存货盘亏毁损				8 000	5 000	7 000
其他	1 628	1 084				6 615

四、财务费用、投资收益、营业外收支情况

龙城电机厂20××年1~11月财务费用、投资收益、营业外收支情况实际发生及上年实际情况见表2-11。

表2-11　龙城电机厂财务费用、投资收益、营业外收支情况　单位：元

项目	上年实际	本年1~11月实际累计
一、销售费用		
1. 运输费	2 100	21 400
2. 包装费	3 000	3 200
3. 广告费	110 000	107 824
4. 其他费用	80 000	80 000
二、财务费用		
1. 利息支出	39 500	51 410
2. 金融机构手续费	180	200
三、投资收益		
1. 交易性金融资产	42 000	36 000
2. 债权投资	25 500	11 000
四、资产处置损益		
1. 处置固定资产损益	8 800	7 000
五、营业外收入		

续表

项目	上年实际	本年1～11月实际累计
六、营业外支出		
1. 非流动资产毁损报废损失	11 800	16 700
2. 盘亏损失（固定资产）	2 000	21 000
3. 子弟学校经费	13 000	12 100
4. 公益救济性捐赠	40 000	30 000

五、其他相关资料

（1）1～12月现价工业总产值7 885 000元，现价工业销售产值7 807 000元，工业增加值2 128 950元，全部职工平均人数194人；1～11月平均流动资产2 625 000元，平均固定资产净值2 510 000元，平均营运资金1 280 500元，累计工资总额486 500元。

（2）固定资产月初余额均含增值税（均为国家增值税税制变革前形成），在建工程、工程物资年初及月初余额均不含增值税金额。

实训前参观生产过程视频二维码

女学生机加工　男学生机加工　自动机械加工　男生操作电脑程序　零件打磨

封闭加工　成品展示　生产线切割　男工切割　女工切割

机器人切割　女工板材钻孔　窄花带生产　宽花带生产　产品整理与验收

第三章　会计实务综合训练业务

第一节　处理会计实务所运用的会计政策

一、涉及“财务状况要素”业务的会计政策

（一）资产减值损失的政策

龙城电机厂对应收款项采用“余额比例法”计提坏账准备，其中，“应收账款”按余额3‰计提坏账准备，“其他应收款”按余额5%计提坏账准备。

（二）存货计价的政策

材料存货采用“计划成本计价法”进行核算，除材料存货的零星业务随时处理外，常规性重复业务一律采用“汇总法”（综合结转法）进行核算。在产品、产成品（库存商品）均采用“实际成本法”进行计价，发出成本于月末采用“一次加权平均法”进行计价。

（三）固定资产折旧政策

龙城电机厂第二车间的机器设备符合国家“加速折旧”的范围，报经有关部门批准采用“双倍余额递减法”计提折旧，其余固定资产采用“年限平均法”计提折旧。

（四）长期股权投资政策

龙城电机厂长期股权投资采用“公允价值”计量，偏离公允价值的差额调整当期损益。

（五）应付债券的政策

龙城电机厂应付债券采用“公允价值”计量，应付债券发行时产生的折溢价等采用“实际利率法”进行摊销。

（六）专用拨款的政策

龙城电机厂接受国家新产品试制等拨款通过“专项应付款”科目单独核算。

拨款必须专款专用，不得挪作他用。专款用于“费用化”支出的，核销“专项应付款”；拨款用于“资本化”支出的，形成固定资产等长期资产的转增“资本公积”（国家拨入专款），等以后核准后转增国家资本金。

二、涉及“经营成果要素”业务的会计政策

（一）收入计价政策

龙城电机厂收入采用“公允价值”计量，即按市场“成交价”计量。增值税为“价外税”，按产品市场销售价格的13%计算销项税，进项一律凭增值税专用发票列示的数额进行抵扣，但“进项税额转出”的情况除外。

（二）成本费用计价政策

龙城电机厂除了与公允价值有关的项目外，其他成本费用均采用“实际成本”（历史成本）计量，要求同收入相配比。

（三）利润分配政策

龙城电机厂利润分配方案由董事会会议研究确定，各投资者按“股权比例”（投资比例）分配税后利润。

第二节　会计综合训练的经济业务

龙城电机厂20××年12月份发生下列经济业务：

（1）1日，用红字冲销上月已验收入库但月终尚未付款的暂估原材料货款（计划成本）1 000元。

（2）1日，从本市台河厂购入原材料一批，增值税专用发票上货款金额97 020元，增值税税额12 612.60元，款项共计109 632.60元已用转账支票付讫。该批原材料已验收入库，其计划成本100 000元（原材料入库平时不编记账凭证，而是汇入“收料凭证汇总表”（见表6－18），于月末汇总一笔编制记账凭证，平时入库材料差异也于月末汇总一笔处理，下同；其他各类材料均采用逐笔结转法）。

（3）2日，上月按计划价1 000元暂估入库材料的增值税发票和托收承付支款通知今日收到；其货款金额980元，增值税税额127.40元，共向淮洋市三星公司承付1 107.40元。（注：本月付款的上月收料仍按计划成本汇入本月收料凭证汇总表）

（4）3日，银行传来客户贷记通知单（电子汇兑方式），上月东升厂所欠货款158 500元（其中代垫运费6 225元）于今日收到。

（5）4日，上月末在途材料于今日运到验收入库，计划成本5 100元。

（6）4日，以电子汇兑方式支付上月向淮洋市三星公司购入材料的欠款115 000元，向龙江市红旗厂购入材料的欠款24 000元。

（7）4日，因先前购入的康乐公司股票行情不景气将其全部售出，收入78 708元，另付印花税、手续费、佣金等531.72元，该股票购进时记入“交易性金融资产”科目的成本为76 800元（76 800股×1元/股）。转让金融产品应交增值税税率为6%。

（8）5日，向市机械厂售出ST700起动电动机200台，单位售价430元（不含税价，下同），按规定收取增值税税额11 180元，款项共计97 180元已收存银行。

（9）5日，向沙雷市沙雷厂销售ST60起动电动机500台，单位售价140元，按规定收取增值税税额9 100元，款项共计79 100元已办妥委托收款手续。

（10）7日，供应科采购员金磊上月出差，当时预借备用金400元，今日回厂，报销差旅费300元，余额以现金交回。

（11）7日，先前将到期的一张银行承兑汇票送交银行，今日收到银行电划贷方补充报单，收存票款10 200元。

（12）8日，登录国家税务总局省电子税务局网上办税服务厅缴纳上月应交增值税13 000元，应交城建税910元和教育费附加390元。

（13）8日，登录国家税务总局省电子税务局网上办税服务厅缴纳上月应交所得税35 920元。

（14）8日，发出木材一批，计划成本5 000元，委托市新华板箱厂加工木箱（并随时按上月原材料成本差异率结转材料价差）。

（15）8日，企业收到国家拨入试制 #605 新产品款项20 000元存入银行。

（16）8日，从淮洋市三星公司购入原材料一批，增值税专用发票上货款金额50 000元，增值税税额6 500元，款项尚欠；该批材料已验收入库，其计划成本51 000元。

（17）10日，银行传来委托收款凭证收账通知，5日售给沙雷厂产品的款项79 100元已收存银行。

（18）10日，出售未使用机床一台，收款21 470元（其中，价款19 000元，增值税2 470元）。该固定资产账面原价50 000元，已提折旧30 000元①。

（19）10日，机修车间为一车间一台机床进行大修理，领用工程物资200元。

（20）10日，完工一批产品入库，其中，ST700起动电动机完工入库500台，ST90起动电动机完工入库800台，380V变速电动机完工入库10台，ST60起动电动机完工入库400台。（此题当日仅登记库存商品明细账，并汇入表6－20产成品收入汇总表，月末再进行账务处理，下同）

---

① 本教材处置固定资产损益有不同的处理方法，见朱学义．固定资产会计准则应用中的从属性与独立性分析［J］．财会通讯，2024（1）：91－94，110.

（21）10 日，向青达市黄丰厂购原材料一批，增值税专用发票上货款金额 150 000 元，增值税税额 19 500 元，当即开出商业承兑汇票一张（面值 169 500 元，承兑期两个月），该批材料尚未到达。

（22）10 日，向银行借入临时借款 250 000 元。

（23）10 日，向市振华研究所购入一项专利，开出转账支票付款 86 000 元，仅取得增值税普通发票。

（24）11 日，从市证券交易所购入京能公司今年 10 月 1 日发行的 5 年期债券，面值 100 000 元，购入价格为 108 110 元，开出转账支票实际付款 109 777 元（其中包含两个月利息 1 667 元），债券票面利率为 10%，每年 9 月 30 日和 3 月 31 日付息，该债券企业不准备随时变现，而是为了长期获取利息。

（25）11 日，以电子汇兑方式支付 8 日从淮洋市三星公司购入原材料款项 56 500 元。

（26）11 日，银行传来结息通知，应付长期借款利息 96 000 元已转入借款户，该项长期借款用于建造固定资产的工程早已竣工。

（27）11 日，本月上旬产品生产领用原材料经汇总，计划成本共计 134 000 元，其中，起动电动机耗用 100 000 元，#218 定单产品耗用 3 000 元，#225 定单产品耗用 6 000 元，#236 定单产品耗用 25 000 元。[注：本月原材料、包装物发出除题目注明随时结转外，一律通过编制“发料凭证汇总表”（见表 6－19）于月末一次编制记账凭证，低值易耗品发出随时进行账务处理]

（28）12 日，上月委托市建筑一公司对一车间厂房进行大修理，当时预付出包工程款 5 000 元，今日大修完毕，对方开来账单共计 12 000 元，扣除预付款外，其余用转账支票付讫，仅取得增值税普通发票。

（29）12 日，从市东房工具厂购入工具一批，增值税专用发票上货款金额 30 000 元，增值税税额 3 900 元，款项共计 33 900 元已用转账支票付讫；该批工具已验收入库，计划成本 30 800 元。

（30）12 日，开出转账支票用国家 8 日拨入的专款向市科技开发公司支付 605 号新产品设计费 2 000 元。

（31）12 日，从市奉阳厂购入某种原材料 500 千克，每千克实际价格 160 元，货款 80 000 元和增值税 10 400 元已用转账支票付讫；该批材料验收时发现短缺 2 千克，属定额内合理损耗，其余验收入库。计划单位成本 170 元。

（32）13 日，向进华市进华公司售出 ST90 起动电动机 600 台，单价 70 元，计收增值税税额 5 460 元；售出 ST8 起动电动机 500 台，单价 80 元，计收增值税税额 5 200 元；随产品销售领用包装木箱 10 只，单位计划成本 110 元，每只单独计价销售 120 元，并计收增值税税额共计 156 元；该批产品发出时用银行存款代垫运杂费 5 400 元，运费发票已交给购货方。全部款项共计 99 416 元尚未收到。

（33）14 日，收到市新华板箱厂为本厂加工完毕的木箱 50 只（8 日发给木材全部用完），用转账支票支付木箱加工费 200 元和增值税 26 元；木箱验收入

库的计划单位成本为110元。（注：价差随时结转）

（34）14日，向市夹进厂销售原材料一批，计划成本6 000元，售价6 300元，计收增值税819元，款项7 119元已收存银行。

（35）14日，为了试制#605新产品，开出转账支票用国家8日拨入的专款向市设备厂购置不需安装设备一台，单价12 000元，另付增值税1 560元，设备已交付一车间使用。

（36）15日，收到外商捐赠的新设备一台，未取得增值税专用发票，按市价40 000元入账。该设备不需安装，已交付二车间使用。

（37）15日，收到沙雷市沙雷厂偿付的欠款85 530元，收到进华市进华公司偿付的欠款151 400元。

（38）15日，向河汇市机械厂售出ST700起动电动机400台，单位售价431元，计收增值税22 412元，领用包装木箱2只（不单独计价，计划单位成本110元），款项共计194 812元，当即收到银行汇票，款已送存银行。

（39）15日，机修车间上月动工自制专用设备一台（定单号为#356），今领用原材料计划成本3 000元，按上月价差率计算超支价差120元（自制设备所耗材料及其分摊的价差随时直接记入“在建工程”科目），本月自制设备耗用工时160小时，按每小时1.74元工缴定额计算自制设备本月应负担的加工费用，从“辅助生产”科目贷方转出；设备今日完工，随即办理了固定资产交付一车间使用手续。

（40）16日，党办征订杂志，开出转账支票向市探索杂志社付款150元，管理部门订报，支付现金25元，取得两张普通发票。报刊费一次计入当期费用。同日，从银行提现600元备作零星开支。

（41）17日，以现金支付职工王进借款500元。

（42）18日，根据工资汇总表（见表3-1）计算实发工资。开出现金支票向银行提取现金。

表3-1 **工资汇总表** 单位：元

单位、人员类别		应付工资		代扣款项				实发工资
		……	小计	医疗保险费	养老保险费	失业保险费	住房公积金	
一车间	生产工人	……	15 000	300	1 200	150	1 500	
	管理人员	……	4 000	80	320	40	400	
二车间	生产工人	……	6 750	135	540	67.5	675	
	管理人员	……	1 600	32	128	16	160	
机修车间	生产工人	……	980	19.60	78.40	9.80	98	
	管理人员	……	20	0.40	1.60	0.20	2	
工具车间	生产工人	……	630	12.60	50.40	6.30	63	
	管理人员	……	20	0.40	1.60	0.20	2	

续表

单位、人员类别		应付工资		代扣款项				实发工资
		……	小计	医疗保险费	养老保险费	失业保险费	住房公积金	
厂部管理人员		……	6 000	120	480	60	600	
福利部门人员		……	300	6	24	3	30	
长期病假人员		……	200	4	16	2	20	
合计		……	35 500	710	2 840	355	3 550	

注：机修车间有几名生产工人被抽去协助供应部门搞原材料采购运输工作，月终分配工资时，其工资300元应由采购费用负担。

（43）18日，工具车间自制工具（刀具）领用原材料4 000元（领料汇入“发料凭证汇总表”，见表6－19）。

（44）18日，开出转账支票购买飞达公司普通股票2 000股，每股付款100元，另付各项费用860元，该股票准备随时变现。

（45）18日，光华公司的债券到期，收回本金和利息共计59 700元，该债券原先作为“交易性金融资产”入账的账面实际成本为56 300元。

（46）19日，发放本月工资，并据工资汇总表结算本月扣款。

（47）19日，由于本企业没有履行销售合同，开出转账支票向市利国厂支付违约金和赔偿金共计4 236.14元，取得数电普通发票。

（48）19日，10日向青达市黄丰厂购入的原材料今日运到，经验收发现短缺1箱，系运输途中丢失，当即向铁路局要求赔偿3 390元（其中货款3 000元，增值税税额390元）；其余全部验收入库，其计划成本为146 000元。

（49）20日，本月中旬产品领用原材料经汇总计划成本为124 000元，其中，起动电动机80 000元，605号新产品1 000元，#218定单3 000元，#225定单10 000元，#236定单30 000元。

（50）21日，通过网上转账方式向市住房公积金管理中心交纳住房公积金7 100元（其中，企业应交3 550元，职工个人应交3 550元）。

（51）22日，一车间机器一台经批准报废，原价6 000元，已提折旧5 700元。报废中用转账支票向河区街道服务队支付清理费用350元，部分残料计价400元入材料库（随时编制记账凭证），部分残料售给河区乡杜光村黄信，收现金100元。

（52）22日，从市方相厂收到出租固定资产租金收入339元，其中，不含税租金300元，增值税39元，当即存入银行，取得数电专用发票（无任何章）。

（53）22日，完工一批产品验收入库，其中，ST60起动电动机600台，

ST90 起动电动机 1 200 台，346V 变速电动机 10 台，380 V 变速电动机 20 台，ST8 起动电动机 1 500 台。

（54）23 日，13 日售给进华市进华公司产品的款项共计 99 416 元，对方开来商业承兑汇票一张（面值 99 416 元，承兑期两个月）用来抵付欠款。

（55）23 日，向市光福厂售出 7. 3/22kW 380V 变速电动机 25 台，单位售价 1 700 元，计收增值税 5 525 元；售出 ST8 起动电动机 800 台，单位售价 80 元，计收增值税 8 320 元；售出 ST60 起动电动机 600 台，单位售价 140 元，计收增值税 10 920 元，全部款项共计 215 265 元，当即收到转账支票，款已存入银行。

（56）23 日，已归还短期银行借款 200 000 元。

（57）23 日，向银行提取现金 800 元。

（58）23 日，开出转账支票向市供电局支付本月份电费共计 35 030 元，其中，电价 31 000 元，增值税税额 4 030 元。

（59）24 日，以现金支付一车间管理人员黄工生活困难补助费 560 元（职工福利费采用直接列支方法核算，下同）。

（60）25 日，从市设备厂购入设备一台，价款 10 000 元，增值税 1 300 元，共计款项 11 300 元，当即开给转账支票。该项固定资产直接交机修车间进行安装，开立 358 号定单归集费用。（设备价值直接记入“在建工程——自营安装工程”科目）

（61）26 日，发出原材料一批，计划成本 2 000 元。委托市新华板箱厂进行加工（并按上月原材料成本差异率随即结转材料价差）。

（62）26 日，将利民债券全部售出，收款 84 000 元，付手续费 360 元。该债券在“交易性金融资产”账户的余额为 81 000 元。转让金融产品应交增值税税率为 6%。

（63）27 日，开出现金支票拨付职工子弟学校经费（劳务费）1 000 元，取得收据；向希望工程基金会捐赠现金 300 元，取得数电普通发票（有税务监制章）。

（64）27 日，经研究本月完工已交付一车间的自制设备向泉区街道服务公司出售，原入账价值 15 868 元，未计提折旧，经协商作价 20 340 元（其中价款 18 000 元，增值税 2 340 元）当即收到转账支票，款已存入银行。

（65）27 日，开出转账支票购买职工食堂用具，付款 500 元，取得数电普通发票（有税务监制章）。

（66）27 日，用现金支付职工死亡慰问金 100 元。

（67）27 日，一车间机床一台因自然灾害被毁，原价 15 000 元，已提折旧 5 000 元，开出转账支票向河区街道服务队支付清理费用 500 元。残料变卖给市废品收购站，收入 750 元已收存银行，取得数电普通发票（有税务监制章），同时收到保险赔款 5 000 元存入银行。其损失经上级同意予以转销。

（68）27 日，向东升厂售出 10/30kW 346V 变速电动机 10 台，每台售价 4 270 元，计收增值税 5 551 元，领用产品包装木箱 10 只，单位计划成本 110 元，每只售价 120 元，计收增值税 156 元，产品发出时用转账支票代垫运杂费

2 000 元（运费发票交购方），款项共计 51 607 元尚未收到。

（69）28 日，从市台河厂购入原材料一批，增值税数电专用发票（有税务监制章）上货款金额 20 000 元，增值税税额 2 600 元，款项共计 22 600 元，已开出转账支票，用银行存款付讫，材料未到达。

（70）28 日，向沙雷市沙雷厂售出 ST90 起动电动机 1 000 台，单位售价 70 元，计收增值税 9 100 元，已办妥委托收款手续。

（71）28 日，从市设备厂购入不需安装机器一台，价款 4 000 元，增值税 520 元，共计 4 520 元已用转账支票付讫，取得数电专用发票（有税务监制章）。该项固定资产已交一车间使用。

（72）28 日，向龙江市红旗厂购入原材料一批，增值税数电专用发票（有税务监制章）上货款金额 30 000 元，增值税税额 3 900 元，共计 33 900 元尚未支付，该批材料已验收入库，其计划成本 29 200 元。

（73）28 日，向海淀市东升厂销售 ST90 起动电动机 300 台，单位售价 70 元，计收增值税税额 2 730 元，发出产品时用转账支票代垫运杂费 1 050 元（运费发票交购方），共 24 780 元尚未收到。

（74）29 日，开出转账支票向市汽车运输公司支付购料的市内运费 2 000 元，以及由本企业负担的销售运费 1 500 元。

（75）29 日，银行传来客户贷记通知单，27 日售给东升厂 10/30kW346V 变速电动机的款项 51 607 元已收到。

（76）29 日，开出转账支票向滨海日报社支付产品广告费 5 835.95 元。

（77）29 日，收到大众厂发来原材料一批，已验收入库，其计划成本为 8 000 元，发票等结算凭证未到。

（78）29 日，偿付长期银行借款本息 22 448 元。其中，利息 2 448 元计入当期财务费用。

（79）29 日，开出转账支票向市百货大楼购买办公用品等，取得的专用发票上价款 4 690 元，增值税 609.70 元。办公用品及其他用品直接由下列单位耗用，见表 3－2。

表 3－2　20××年 12 月车间、行政管理部门办公用品及其他用品耗用情况表　单位：元

项目	一车间	二车间	机修车间	工具车间	管理部门
办公费	1 300	1 000	200	100	700
其他费用	440	568	122	102	158

（80）30 日，接银行利息回单，本季银行存款利息收入 2 150 元已转入存款户。

（81）30 日，机电科提供本月耗电情况如下：一车间耗电 100 000kW·h，二车间耗电 53 300kW·h，机修车间耗电 1 660kW·h，工具车间耗电 1 000kW·h，管理部门耗电 6 720kW·h。每度电电价 0.15 元。编制外购电力分配表（见表 6－3）作为记账凭证的依据。

（82）30 日，计提本月固定资产折旧：所有房屋按月分类折旧率 0.45% 计提折旧，二车间机器设备按双倍余额递减法计提折旧（其设备预计使用 8 年，今年是第 5 年使用，预计净残值率 3%）；其余应计提折旧的机器设备均按月分类折旧率 0.66% 计提折旧（含未使用固定资产），编制固定资产折旧计算表（见表 6－1、表 6－2）作为记账凭证的依据。

（83）31 日，计算本期应付债券利息。本企业去年 1 月 1 日为筹集流动资金而发行了面值为 113 800 元的债券，其中，甲种五年期债券面值 80 000 元，票面年利率 11%，每年 1 月 1 日和 7 月 1 日付息，发行时溢价 3 090 元，乙种三年期债券面值 33 800 元，票面年利率 12%，到期一次还本付息（计单利）。编制企业债券溢价摊销表（见表 6－5，采用实际利率法）和企业债券应付利息计算表（见表 6－6）作为编制两张记账凭证的依据。

（84）31 日，计算本月购入京能公司面值 100 000 元债券应计收 1 个月的投资收益（利率 10%），同时按 58 个月（购入月起至到期月止）计算本月应摊销的溢价，编制债券投资溢价摊销表（见表 6－7，采用实际利率法）作为记账凭证的依据。

（85）31 日，登录省电子税务局网上办税服务厅，填写“本期应缴房产税情况表”“本期城镇土地使用税情况表”，按规定计算本月应交房产税 885 元，应交城镇土地使用税 250 元，税款尚未上交。说明：实际工作为下月上旬登录电子税务局填表作为本月末记账凭证附件。

（86）31 日，本月自制工具全部完工入库，计划成本为 6 500 元（结转实际成本和价差在第 107 题处理）。

（87）31 日，本月下旬产品领用原材料经汇总，计划成本总额为 93 000 元，其中，起动电动机耗 70 000 元，#218 定单产品耗 2 000 元，#225 定单产品耗 2 000 元，#236 定单产品耗 19 000 元。

（88）31 日，本月车间、行政管理部门一般性材料消耗计划成本汇总见表 3－3。

表 3－3　20××年 12 月车间、行政管理部门一般性材料消耗计划成本汇总表　单位：元

项目	一车间	二车间	机修车间	工具车间	管理部门
消耗材料	17 000	6 000	600	400	1 800
修理材料	2 000	1 000	—	100	900
领用工具	10 000	4 000	400	200	800

注：消耗材料、修理材料属于原材料消耗，汇入发料凭证汇总表，这里对领用工具进行账务处理，领用工具采用五五摊销法核算，编制摊销表，见表 6－4。

（89）31 日，本月车间、行政管理部门耗用燃料经汇总，计划成本总额 34 000 元，其中，一车间耗 10 000 元，二车间耗 15 000 元，机修车间耗 3 000 元，工具车间耗 1 000 元，行政管理部门耗 5 000 元。

（90）31 日，机修车间为一车间机床大修，又领用工程物资 300 元、原材料（计划成本）100 元。原材料汇入发料凭证汇总表（表 6－19）。

（91）31 日，本月领用工作服计划成本 12 000 元，其中，一车间 7 500 元，

二车间 3 000 元，机修车间 900 元，工具车间 600 元。领用工作服时一次摊销随即再分配其价差（按月初差异率计算），编制待摊费用分配表（见表 6 - 8，分配率精确到 0.0001）。

（92）31 日，按银行结息通知，本季短期银行借款利息支出 24 336 元已在存款账户中划转，结合月初累计计息额结平应付短期借款利息账户。说明：银行实际工作中的结息时间为每季下旬 20 日。

（93）据第 42 题资料编制工资费用分配表（填入表 6 - 12）分配本月工资费用（涉及“基本生产”科目的，按第 107 题所列工时分配于有关产品，分配率精确到 0.0001），同时，结转由原材料采购成本负担的机修人员工资（见第 42 题下注）。

（94）31 日，计提“三险一金”：①计提医疗保险费 4 260 元。其中，企业按工资总额 10% 计提，负担 3 550 元（分配于有关产品时分配率精确到 0.0001）；职工个人按工资总额 2% 计提，负担 710 元（企业编制工资汇总表时已计提）。医疗保险费计提表格式见表 6 - 13。②31 日，计提养老保险费 9 940 元。其中，企业按工资总额 20% 计提，负担 7 100 元（分配于有关产品时分配率精确到 0.0001）；职工个人按工资总额 8% 计提，负担 2 840 元（企业编制工资汇总表时已计提）。职工养老保险费计提表见表 6 - 14。③31 日，计提失业保险费 1 065 元。其中，企业按工资总额 2% 计提，负担 710 元（分配于有关产品时分配率精确到 0.0001）；职工个人按工资总额 1% 计提，负担 355 元（企业编制工资汇总表时已计提）。失业保险费计提表见表 6 - 15。④31 日，计提住房公积金 7 100 元。其中，企业按工资总额 10% 计提，负担 3 550 元（分配于有关产品时分配率精确到 0.0001）；职工个人按工资总额 10% 计提，负担 3 550 元（企业编制工资汇总表时已计提）。住房公积金计提表见表 6 - 16。

（95）31 日，通过国家税务总局省电子税务局“社保费申报”模块缴纳企业职工医疗保险费 4 260 元、基本养老保险费 9 940 元、失业保险费 1 065 元，从银行存款户共付 15 265 元。下载省电子税务局网站“电子缴款凭证”作为入账记账凭证的依据。

（96）31 日，按工资总额的 2% 计提本月工会经费（见表 6 - 17）。

（97）31 日，按工资总额的 1.5% 计提职工教育费（见表 6 - 17）。

（98）31 日，从市东沙厂购入原材料一批，增值税专用发票注明料款 5 297.06 元，增值税税额 688.62 元，款项共计 5 985.68 元，已用转账支票付讫，材料尚未到达。

（99）31 日，本月摊销无形资产价值 1 045 元。摊销预付财产保险费 380 元（编制待摊费用分配表，见表 6 - 9，编制无形资产摊销表，见表 7 - 207）。

（100）31 日，本月摊销长期待摊费用 3 260 元（此价值为去年 11 月和今年 10 月对二车间租入的机器设备进行两次大修的摊销额，机器摊销 2 500 元，设备摊销 760 元。编制摊销表，见表 7 - 208）。

（101）31 日，编制收料凭证汇总表（见表 6 - 18），结转入库原材料计划成本（“应付账款”要列出明细科目）。

（102）31 日，结转入库原材料和低值易耗品的成本差异（合编一张记账凭证）。

（103）31 日，计算原材料、包装物本月差异率（精确到 0.0001），编制发料凭证汇总表（见表 6－19），结转发料计划成本和分配的材料成本差异（原材料和包装物分开编制记账凭证）。

（104）31 日，对固定资产、材料物资进行年终盘点，盘点结果是：某种原料及主要材料盘亏计划成本 1 000 元，某种燃料盘盈计划成本 500 元；一车间在产品（起动电动机）因灾害盘亏按定额成本计算为 450 元，其中，直接材料 350 元，直接工资 30 元，制造费用 70 元［材料盘亏计划成本按本月价差率调整；材料盘亏和在产品盘亏，按实际成本（或材料定额成本）的 13% 计算增值税“免税税款”①］；盘盈一台一车间生产用设备，其市场价值为 9 300 元。

（105）31 日，接上级批示，同意转销本月待处理财产损溢及固定资产盘盈。

（106）31 日，本月二车间报废工具一批，计划成本 300 元，无残值。

（107）31 日，将辅助车间的制造费用转入“辅助生产”；同时按本月实际工时（汇总如下表 3－4）分配有关费用：①计算分配机修车间的辅助生产费用（按直接分配法编制辅助生产费用分配表，见表 6－21）；②计算工具车间自制工具的实际成本，结合第 86 题入库自制工具的计划成本，结转入库自制工具的成本差异；③分配结转第一、二两个基本生产车间的制造费用（编制制造费用分配表，见表 6－10、表 6－11，各种分配率精确到 0.0001）。

表 3－4　　实际工时汇总表

一车间	起动电动机	35 000h
	#605 新产品	100h
二车间	#218 定单	500h
	#225 定单	1 000h
	#236 定单	13 500h
机修车间	#356 专用设备（即 15 日业务已在第 39 题作了处理）	160h
	#358 安装工程	300h
	一车间机床大修工程	200h
	一车间经常修理	300h
	二车间经常修理	400h
	行政管理部门修理	200h
工具车间		600h

① 因自然灾害造成的增值税损失不要记入“应交税费——应交增值税（进项税额转出）”科目，而是记入“应交税费——应交增值税（免税税款）”科目。见高玉梅，朱学义．自然灾害损失的增值税是否进行账务处理？［J］．中国注册会计师，2021（2）：124－126.

（108）31 日，结转本月完工入库起动电动机和变速电动机实际成本（一车间期末盘点在产品——起动电动机，它的材料定额成本为 285 000 元，工时定额为 34 000 小时；二车间上月投产的#218 定单和#225 定单已全部完工。本月投产的#236 定单到月底还未完工。分配率精确到 0.0001），编制产成品收入汇总表（见表 6－20）作为记账凭证的依据。

（109）31 日，#605 新产品一台试制成功，作为商品产品入库，售价 1 066.86 元（试制成本高于售价部分冲减国家拨款）；多余的国家拨款作国家投资，在“资本公积”科目反映。

（110）31 日，按应收账款余额的 3‰计提坏账准备；按其他应收款余额的 5% 计提坏账准备。

（111）31 日，向市南汇厂转让一项专利，取得转让收入 100 000 元和增值税销项税 6 000 元存入银行，开给数电专用发票（有税务监制章），该项无形资产账面原值 90 000 元，累计摊销 8 000 元。

（112）31 日，结转本月未交增值税。

（113）31 日，对材料物资进行年终清查，其中原材料市价已经跌价，应计提存货跌价准备 2 401.20 元。

（114）31 日，结转本月主营业务收入。

（115）31 日，按加权平均法计算并结转本期发出产品的成本，同时结转（平）“主营业务成本”科目。

（116）31 日，结转本月其他业务收入和其他业务成本。

（117）31 日，按本月应交增值税计算应交城建税和教育费附加，并按收入比例将教育费附加分配于各销售产品和销售材料，编制税金及附加分配表（见表 6－22）作为记账凭证的依据，分配率精确到 0.00001%。

（118）31 日，结转本月税金及附加。

（119）31 日，结转本月销售费用。

（120）31 日，结转本月管理费用和财务费用（编两张记账凭证）。

（121）31 日，结转本月投资收益和其他收益。

（122）31 日，经税务局认定，本月接受捐赠固定资产价值 40 000 元本年一次记入“营业外收入”科目。

（123）31 日，结转本月营业外收入和营业外支出。

（124）31 日，结转本月资产减值损失、信用减值损失；结转资产处置损益。

（125）31 日，按所得税率 25% 计算本月应交所得税，计算所得税费用并结转本月“所得税费用”科目。

（126）31 日，结转全年净利润。

（127）31 日，计提本年度法定盈余公积（计提率 10%）和任意盈余公积（计提率 5%）。

（128）31 日，企业决定向投资者分配利润 156 800 元。

（129）31 日，结转利润分配明细科目。

第四章　会计实务综合训练步骤

第一节　填制有关原始凭证

根据第三章第二节提供的龙城电机厂的经济业务，运用第七章所提供的模拟现场会计操作的资料填写有关原始凭证，是本项训练的首要任务。学生（员）填写每张原始凭证时，要在原始凭证上完成有关的手续，包括：经办人签字，审核人审核，有关部门（单位）盖章。外部企业传来的发票除数电发票可以不需要任何章外，一般要有国家税务总局监制的“全国统一发票监制章”，有的还需要单位加盖的“发票专用章”（模拟训练时用红笔画出“发票专用章”）。外部事业单位传来的收据要有财政部监制的“财政票据监制章”和事业单位加盖的“财务专用章”（模拟训练时用红笔画出“财务专用章”）。企业自行设置的或购置的“收据”（“内部收据”）只要加盖单位“财务专用章”（模拟练习时用红笔画出“财务专用章”）即可。国家统一格式的专用凭证，如火车票、印花税票等，不需要任何章，但要鉴别真实性方可作合法的原始凭证处理。企业自行设置的其他原始凭证要严格履行有关签字手续或盖章手续，如果注明“签章”，既要签字又要盖章。

填写原始凭证数字时要有大小写区别。大小写不相符的原始凭证无效，要让提供者重新开具。原始凭证不能用铅笔或纯蓝墨水填写，因为容易涂改或褪色。涂改、刮擦、挖补的原始凭证无效，不能作入账的依据。不合法的原始凭证也不能作入账的依据。

每张原始凭证填完审核合格后裁下来作记账凭证的附件。

第二节　编制记账凭证和有关分配表

会计实务综合训练所使用的记账凭证需要外购或另置，采用收、付、转三种格式的记账凭证，并将所填制的原始凭证从书本上裁下作其附件，一起编号装订。有一些原始凭证是计算表和分配表，包括固定资产折旧计算表、外购电力分配表、企业债券溢价摊销表、企业债券应计利息计算表、低值易耗品分配表、预付财产保险费摊销表、制造费用分配表、工资费用分配表、“三险一金”、工会经费和职工教育经费计提表、收料凭证汇总表、发料凭证汇总表、产成品收入汇总表、辅助生产费用分配表、税金及附加分配表、科目汇总表等。这些计算表和分配表见表6－1至表6－22。学生（员）编制完这些表后裁下作记账凭证的附件。

第三节 登记库存现金日记账

库存现金日记账采用“收付余”三栏式账页。具体格式见表4－1。

表4－1 **库存现金日记账** 单位：元

20 年		凭证		对方科目	摘要	总页	收入金额	付出金额	结存金额
月	日	种类	号数						
1	1				年初余额				200
					……				
11	30				1～11月项目汇总	100	635 687		
						08		568 300	
						12		10 700	
						26		56 700	
11	30				1～11月累计		635 687	635 700	187
12	1				月初余额				187

注：总页栏中数字表示现金流量表项目编号。如采用随时确认法编制现金流量表，库存现金日记账、银行存款日记账应设成有项目编号的账式，项目编号含义见现金流量表的编制。

库存现金日记账的登记

第四节 登记银行存款日记账

银行存款日记账一般采用“收付余”三栏式账页，但是为了编制“现金流量表”，采用“多栏式”格式更能满足报表的编制。多栏式银行存款日记账格式见表4－2。

多栏式银行存款日记账

表 4－2

银行存款日记账

单位：元

20 年		凭证号数	摘要	借方	贷方	借或贷	余额	借方分析						贷方分析						
月	日							01	05	21	24	其他编号	其他编号金额	06	08	10	12	26	其他编号	其他编号金额
1	1		年初余额			借	256 300													
11	30		1～11 月项目汇总									33	60 600						27	125 300
																			36	349 641
																			38	293 539
																			42	200
																			100	635 687
11	30		1～11 月累计	8 338 107	8 356 981.6	借	237 425.4	7 672 042	88 265	493 200	24 000		60 600	5 411 858	3 600	685 473	604 190	247 493.6		1 404 367
12	1		月初余额			借	237 425.4													

第五节　登记明细账

一、明细账账户示例

以“交易性金融资产明细账”为例，列示账页格式（表4－3、表4－4、表4－5、表4－6）及开户样式。

表4－3　　**交易性金融资产明细账**

明细科目：康乐股票（成本）　　单位：元

20 年		凭证		对方科目	摘要	总页	借方金额	贷方金额	借或贷	金额
月	日	种类	号数							
1	1				年初余额				借	176 500
					……					
11	30				1～11月累计		26 500	126 200	借	76 800

表4－4　　**交易性金融资产明细账**

明细科目：光华债券（成本）　　单位：元

20 年		凭证		对方科目	摘要	总页	借方金额	贷方金额	借或贷	金额
月	日	种类	号数							
1	1				年初余额				借	256 600
					……					
11	30				1～11月累计		34 700	235 000	借	56 300

表4－5　　**交易性金融资产明细账**

明细科目：利民债券（成本）　　单位：元

20 年		凭证		对方科目	摘要	总页	借方金额	贷方金额	借或贷	金额
月	日	种类	号数							
1	1				年初余额				借	101 900
					……					
11	30				1～11月累计		64 100	85 000	借	81 000

表 4-6　　　　交易性金融资产明细账

明细科目：飞达股票（成本）　　　　单位：元

20　年		凭证		对方科目	摘要	总页	借方金额	贷方金额	借或贷	金额
月	日	种类	号数							

二、明细账账式

（1）总第1页，分第1页：交易性金融资产——康乐股票明细账、三栏式账页；

分第2页：交易性金融资产——光华债券明细账、三栏式账页；

分第3页：交易性金融资产——利民债券明细账、三栏式账页；

分第4页：交易性金融资产——飞达股票明细账、三栏式账页。

（2）总第2页，分第1页：应收票据——齐都公司明细账、三栏式账页；

分第2页：应收票据——进华公司明细账、三栏式账页。

（3）总第3页，分第1页：应收利息明细账、三栏式账页。

（4）总第4页，分第1页：应收账款——进华公司明细账、三栏式账页；

分第2页：应收账款——沙雷厂明细账、三栏式账页；

分第3页：应收账款——东升厂明细账、三栏式账页。

（5）总第5页，分第1页：其他应收款——备用金（金磊）明细账、三栏式账页；

分第2页：其他应收款——职工借款——王进、三栏式账页；

分第3页：其他应收款——铁路局明细账、三栏式账页。

（6）总第6页，分第1页：坏账准备——应收账款坏账准备明细账、三栏式账页；

分第2页：坏账准备——其他应收款坏账准备、三栏式账页；

分第3页：坏账准备——应收票据坏账准备明细账、三栏式账页。

（7）总第7页，分第1页：预付账款——市建筑一公司（厂房委外大修）明细账、三栏式账页；

分第2页：预付账款——财产保险费明细账、三栏式账页。

（8）总第8页，分第1页：低值易耗品——在库明细账、三栏式账页；

分第2页：低值易耗品——在用明细账、三栏式账页；

分第3页：低值易耗品——摊销明细账、三栏式账页。

（9）总第9页，分第1页：材料采购——原材料明细账、专用账页（见表4-7）；

表 4－7

材料采购明细账

明细科目：原材料　　　　采购资金限额：元

记账凭证		供货单位名称	材料名称规格	采购记录			结算或付款记录						借方金额			材料记录			贷方金额	材料成本差异	备注
日期	编号			发票号数	计量单位	发票数量	结算日期	结算凭证种类	结算金额	付款金额	付款日期	拒付金额	买价	采购费用	合计	日期	收料单号	实收数量			
12/1	上月	京卫工厂	钢管		公斤	1 100			5 827.9	5 827.9	11/18		4 870	130	5 000						
12/1	上月	三星公司	生铁		吨	30										11/27		30 吨	1 000		

分第 2 页：材料采购——低耗品明细账、专用账页同前。

（10）总第 10 页，分第 1 页：委托加工物资明细账、九栏式账页（见表 4－8）。

表 4－8　　委托加工物资明细账

一级科目名称：委托加工材料

二级科目名称：新华板箱厂　　单位：元

20 年		凭证		摘要	借方				贷方				余额
月	日	种类	号数		发出材料计划成本	发出材料成本差异	加工费	借方合计	入库木箱计划成本	入库木箱成本差异	退回余料成本	贷方合计	
11	30			1～11 月累计	35 480	3 080	2 200	40 760	35 000	4 100	1 660	40 760	0

（11）总第 11 页，分第 1 页：材料成本差异——原材料差异明细账、七栏式账页（见表 4－9）；

表 4－9　　原材料成本差异明细账

二级科目名称：原材料差异　　单位：元

20 年		凭证		摘要	收入材料计划成本	发出材料计划成本	差异分配率	借方差额（超支）	贷方差额（节约）				
月	日	种类	号数										
1	1			年初余额	380 000				25 600				
				……									
11	30			1～11 月累计	3 937 831	3 767 831		47 600					
12	1			月初余额	550 000		4%	22 000					

分第 2 页：材料成本差异——包装物差异明细账、七栏式账页，格式同前（见表 4－10）；

表 4－10　　包装物差异明细账

二级科目名称：包装物差异　　单位：元

20 年		凭证		摘要	收入材料计划成本	发出材料计划成本	差异分配率	借方差额（超支）	贷方差额（节约）				
月	日	种类	号数										
1	1			年初余额	48 000				2 880				
				……									
11	30			1～11 月累计	38 400	36 400		2 360	240				
12	1			月初余额	50 000		10%	5 000					

分第 3 页：材料成本差异——低耗品差异明细账、七栏式账页，格式同前（见表 4 - 11）。

表 4 - 11　　低值易耗品差异明细账

二级科目名称：低耗品差异　　单位：元

20 年		凭证		摘要	收入材料计划成本	发出材料计划成本	差异分配率	借方差额（超支）	贷方差额（节约）				
月	日	种类	号数										
1	1			年初余额	280 000				4 200				
				……									
11	30			1 ~ 11 月累计	476 520	506 520		2 200					
12	1			月初余额	250 000		-0.8%		2 000				

（12）总第 12 页，分第 1 页：辅助生产——机修车间明细账、七栏式账页（见表 4 - 12）；

成本明细账的设置

表 4 - 12　　辅助生产——机修车间明细账

单位：元

20 年		凭证		摘要	直接材料	直接人工	制造费用	借方合计	贷方转出	余额	
月	日	种类	号数								
11	30			1 ~ 11 月累计	20 000	10 000	63 717	93 717	93 717		

分第 2 页：辅助生产——工具车间明细账、七栏式账页，格式同前（见表 4 - 13）。

表 4 - 13　　辅助生产——工具车间明细账

单位：元

20 年		凭证		摘要	直接材料	直接人工	制造费用	借方合计	贷方转出	余额	
月	日	种类	号数								
11	30			1 ~ 11 月累计	11 000	2 751	5 509	19 260	19 260		

（13）总第 13 页，分第 1 页：基本生产——605 新产品明细账、七栏式账页，格式同（12）；

分第 2 页：基本生产——346V 变速电机明细账、七栏式账页，格式同（12）；

分第 3 页：基本生产——380V 变速电机明细账、七栏式账页，格式同（12）；

分第 4 页：基本生产——236 号定单明细账、七栏式账页，格式同（12）；

分第 5 页：基本生产——起动电机明细账、九栏式账页（见表 4 - 14）。

表 4－14　　基本生产——起动电机明细账　　单位：元

20 年		凭证		摘要	单台材料定额成本	材料定额成本	直接材料	单台定额工时	定额工时	直接人工	制造费用	总成本	单位成本
月	日	种类	号数										
1	1			年初余额			100 246			12 170	39 694	152 110	
11	30			1～11 月借方累计			3 080 054			419 646	875 506	4 375 206	
11	30			1～11 月贷方累计			2 895 300			413 580	827 200	4 136 080	
12	1			月初余额			285 000			18 236	88 000	391 236	
12	31			工资分配表									
				医疗保险费计提表									
				养老保险费计提表									
				失业保险费计提表									
				住房公积金计提表									
				工会经费分配表									
				职工教育经费分配表									
				材料分配（料）									
				材料分配（价差）									
				制造费用分配表									
				本月合计									
				减：在产品盘亏									
				生产费用净额									
				分配率									
				月末在产品成本									
				完工产品成本									
				其中：ST700（500 台）									
				ST60（1 000 台）									
				ST90（2 000 台）									
				ST8（1 500 台）									

（14）总第 14 页，分第 1 页：制造费用——一车间明细账、九栏式账页；分第 2 页：制造费用——一车间明细账、二十栏账页（见表 4－15）；

表 4－15　　**制造费用明细账**　　单位：元

明细科目：一车间

20 年		凭证号数	摘要	工资	福利费	折旧费	修理费	办公费	水电费	机物料消耗	低耗品摊销	劳动保护费	租赁费	差旅费	取暖费	运输费	设计制图费	试验检验费	保险费	其他费用	借方合计	贷方转出	余额
月	日																						

分第 3、4 页：制造费用——二车间明细账、二十栏账页，格式同上；

分第 5、6 页：制造费用——机修车间明细账、二十栏账页，格式同上；

分第 7、8 页：制造费用——工具车间明细账、二十栏账页，格式同上。

（15）总第 15 页，分第 1 页：库存商品——ST700 明细账、存货分类账（金额式）；

分第 2 页：库存商品——ST60 明细账、存货分类账（金额式）；

分第 3 页：库存商品——ST90 明细账、存货分类账（金额式）；

分第 4 页：库存商品——ST8 明细账、存货分类账（金额式）；

分第 5 页：库存商品——380V 明细账、存货分类账（金额式）；

分第 6 页：库存商品——346V 明细账、存货分类账（金额式）；

分第 7 页：库存商品——#605 新产品明细账、存货分类账（金额式）。

（16）总第 16 页，分第 1 页：存货跌价准备——原材料跌价明细账、三栏式账页。

（17）总第 17 页，分第 1 页：长期股权投资——宇洋普通股明细账、三栏式账页。

（18）总第 18 页，分第 1 页：债权投资——京能债券（成本）明细账、三栏式账页；

分第 2 页：债权投资——京能债券（利息调整）明细账、三栏式账页。

（19）总第 19 页，分第 1 页：固定资产登记簿 固定资产——非生产用（房屋）、三栏式账页；

分第 2 页：固定资产登记簿 固定资产——未使用设备、三栏式账页；

分第 3 页：固定资产登记簿 固定资产——租出设备、三栏式账页；

分第 4、5 页：固定资产登记簿（类别登记簿）固定资产——生产用（机器设备）、二十栏式账页（见表 4－16）；

表 4－16　　**固定资产登记簿（类别登记簿）**

类别：固定资产——生产用（机器设备）　　单位：元

20 年		凭证		摘要	一车间		二车间		机修车间		工具车间		管理部门		余额	
月	日	字	号		增加	减少	增加	减少	增加	减少	增加	减少	增加	减少	增加	减少
12	1			月初余额	1 990 000		364 000		46 000		26 000				2 426 000	

分第6、7页：固定资产登记簿（类别登记簿）固定资产——生产用（房屋）、二十栏式账页（见表4－17）；

表4－17　固定资产登记簿（类别登记簿）

类别：固定资产——生产用（房屋）　单位：元

20　年		凭证		摘要	一车间		二车间		机修车间		工具车间		管理部门		余额	
月	日	字	号		增加	减少	增加	减少	增加	减少	增加	减少	增加	减少	增加	减少
12	1			月初余额	286 000		676 000		32 000		26 000		104 000		1 124 000	

分第8、9页：固定资产登记簿（汇总账页）固定资产——生产用、二十栏式账页（见表4－18）。

表4－18　固定资产登记簿（汇总账页）

大类：固定资产登记簿（汇总账页）　单位：元

20　年		凭证		摘要	借方							贷方						余额		
					借方合计	房屋		机器设备				贷方合计	房屋		机器设备			合计	房屋	设备
月	日	字	号			购入	自建	购入	自建	盘盈	赠入		报废		报废	盘亏	出售			
1	1			年初余额														3 329 400	1 124 000	2 205 400
				……																
11	30			1～11月累计	344 600			209 000	124 600	11 000		124 000			60 000	34 000	30 000	3 550 000	1 124 000	2 426 000

（20）总第20页，分第1、2页：累计折旧明细账，二十栏账页（见表4－19）。

表4－19　累计折旧明细账

明细科目：累计折旧　单位：元

20　年		凭证		摘要	借方					贷方				借或贷	余额
月	日	字	号		报废转销折旧	盘亏转销折旧	出售转销折旧	毁损转销折旧	借方合计	计提折旧	购入增加折旧	盘盈转入折旧	贷方合计		
1	1			年初余额										贷	1 094 000
				……											
11	30			1～11月累计	55 000	13 000	12 000		80 000	255 000			255 000	贷	1 269 000

（21）总第21页，分第1、2页：固定资产清理明细账，二十栏账页（见表4－20）。

表4－20　　**固定资产清理明细账**

明细科目：固定资产清理　　单位：元

20　年		凭证		摘要	借方				贷方					借或贷	余额
月	日	字	号		转入净值	清理费用	转出净收益	借方合计	出售价款	残料收入	应收赔款	转出净损失	贷方合计		
11	30			1～11月累计	23 000	1 000	7 000	31 000	25 000	300		5 700	31 000	平	0

（22）总第22页，分第1页：工程物资——专用材料明细账，三栏式账页。

（23）总第23页，分第1页：在建工程——出包技改工程明细账，三栏式账页；

分第2页：在建工程——自制设备工程（#356定单）明细账，三栏式账页；

分第3页：在建工程——自营安装工程（#358定单）明细账，三栏式账页。

（24）总第24页，分第1页：长期待摊费用——租入固定资产修理（机器）明细账，三栏式账页；

分第2页：长期待摊费用——租入固定资产修理（设备）明细账，三栏式账页。

（25）总第25页，分第1页：无形资产——专利权明细账，三栏式账页。

（26）总第26页，分第1页：累计摊销明细账，三栏式账页。

（27）总第27页，分第1页：资产处置损益——处置固定资产损益明细账，三栏式账页；

分第2页：资产处置损益——处置无形资产损益明细账，三栏式账页。

（28）总第28页，分第1页：递延所得税资产明细账，三栏式账页。

（29）总第29页，分第1页：待处理财产损溢——待处理流动资产损溢明细账，三栏式账页；

分第2页：待处理财产损溢——待处理固定资产损溢明细账，三栏式账页。

（30）总第30页，分第1页：应付票据——黄丰厂明细账，三栏式账页。

（31）总第31页，分第1页：应付账款——三星公司明细账，三栏式账页；

分第2页：应付账款——红旗厂明细账，三栏式账页；

分第3页：应付账款——供电局明细账，三栏式账页；

分第4页：应付账款——大众厂明细账，三栏式账页。

（32）总第32页，分第1页：应付职工薪酬——工资明细账，三栏式账页；

分第2页：应付职工薪酬——职工福利明细账，三栏式账页；

分第3页：应付职工薪酬——社会保险明细账，三栏式账页；

分第4页：应付职工薪酬——工会经费明细账，三栏式账页；

分第5页：应付职工薪酬——职工教育经费明细账，三栏式账页；

分第6页：应付职工薪酬——辞退福利明细账，三栏式账页。

(33) 总第33页，分第1页：其他应付款——省税务社保费管理中心明细账，三栏式账页；

分第2页：其他应付款——市住房公积金管理中心明细账，三栏式账页。

(34) 总第34页，分第1页：应付利息——短期借款利息明细账，三栏式账页；

分第2页：应付利息——债券利息明细账，三栏式账页。

(35) 总第35页，分第1页：短期借款明细账，三栏式账页。

(36) 总第36页，分第1、2、3、4页：应交税费——应交增值税明细账专用账页；

分第5页：应交税费——应交房产税明细账，三栏式账页；

分第6页：应交税费——应交土地增值税明细账，三栏式账页；

分第7页：应交税费——应交城建税明细账，三栏式账页；

分第8页：应交税费——应交所得税明细账，三栏式账页；

分第9页：应交税费——应交教育费附加明细账，三栏式账页；

分第10页：应交税费——未交增值税明细账，三栏式账页；

分第11页：应交税费——转让金融产品应交增值税，三栏式账页。

(37) 总第37页，分第1页：长期借款明细账，三栏式账页；

分第2页：长期借款——利息调整明细账，三栏式账页。

(38) 总第38页，分第1页：应付债券——甲债券（面值）明细账，三栏式账页；

分第2页：应付债券——甲债券（利息调整）明细账，三栏式账页；

分第3页：应付债券——乙债券（面值）明细账，三栏式账页；

分第4页：应付债券——乙债券（利息调整）明细账，三栏式账页；

分第5页：应付债券——乙债券（应计利息）明细账，三栏式账页。

(39) 总第39页，分第1页：专项应付款——国家专款明细账，三栏式账页。

(40) 总第40页，分第1页：递延收益明细账，三栏式账页。

(41) 总第41页，分第1页：实收资本明细账，三栏式账页。

(42) 总第42页，分第1页：资本公积——资本溢价明细账，三栏式账页。

(43) 总第43页，分第1页：盈余公积明细账，三栏式账页。

(44) 总第44页，分第1、2页：主营业务收入明细账，十四栏（数量金额式）账页（见表4-21）。

表 4－21　　　　主营业务收入明细账　　　　单位：元

20 年		凭证号数	摘要	借方	贷方													余额
					ST700		ST60		ST90		ST8		346V		380V		贷方合计	
月	日				数量	金额	数量	金额	数量	金额	数量	金额	数量	金额	数量	金额		
11	30		1～11月累计	6 516 985	4 375	1 704 270	9 850	1 247 280	24 080	1 524 620	17 472	1 264 400	66	254 950	332	521 465	6 516 985	0

（45）总第45页，分第1页：主营业务成本明细账，九栏式账页（见表4－22）。

表 4－22　　　　主营业务成本明细账　　　　单位：元

20 年		凭证		摘要	ST700	ST60	ST90	ST8	346V	380V	借方合计	贷方转出	余额
月	日	种类	号数										
11	30			1～11月累计	1 295 630	899 515	1 101 362	932 851	244 800	385 780	4 859 938	4 859 938	0

（46）总第46页，分第1、2页：税金及附加明细账，九栏式账页（见表4－23）。

表 4－23　　　　税金及附加明细账　　　　单位：元

20 年		凭证		摘要	库存商品						原材料	包装物	固定资产出租	借方合计	贷方转出	余额
月	日	种类	号数		ST70	ST60	ST90	ST8	346V	380V						
11	30			1～11月累计	9 697	7 097	8 675	7 194	1 451	2 962	196		183	37 455	37 455	0

（47）总第47页，分第1页：销售费用明细账，九栏式账页（见表4－24）。

表 4－24　　　　销售费用明细账　　　　单位：元

20 年		凭证		摘要	借方							贷方转出	余额
月	日	种类	号数		运输费	包装费	广告费	其他费用			借方合计		
11	30			1～11月累计	21 400	3 200	107 824	80 000			212 424	212 424	0

（48）总第48页，分第1、2页：管理费用（职工薪酬）明细账，九栏式账

页（见表4－25）。

表4－25　　管理费用（职工薪酬）明细账　　单位：元

20 年		凭证		摘要	工资	福利费	工会经费	职工教育经费	医疗保险费	养老保险费	失业保险费	住房公积金	劳动保险费	借方合计	贷方转出	余额
月	日	种类	号数													
11	30			1～11月累计	61 600	8 624	1 232	924	6 160	7 392	616	6 468	269 375	362 391	362 391	0

总第48页，分第3、4页：管理费用（一般）明细账，二十栏式账页（见表4－26）。

表4－26　　管理费用（一般）明细账　　单位：元

20 年		凭证号数	摘要	水电费	折旧费	办公费	差旅费	运输费	保险费	修理费	存货盘亏毁损	物料消耗	低耗品摊销	研究费用	税金	薪酬	其他费用	借方合计	贷方转出	余额
月	日																			
11	30		1～11月累计	10 340	26 368	19 900	8 000	20 680	451	9 950	7 000	21 600	4 180	116 800	7 900	362 391		615 560	615 560	0

（49）总第49页，分第1页：财务费用明细账，二十栏式账页（见表4－27）。

表4－27　　财务费用明细账　　单位：元

20 年		凭证		摘要	利息支出	减：利息收入	汇兑损益	金融机构手续费用	其他		借方合计	贷方转出	余额
月	日	种类	号数										
11	30			1～11月累计	51 410			200			51 610	51 610	0

（50）总第50页，分第1页：其他业务收入明细账，七栏式账页（见表4－28）。

表4－28　　其他业务收入明细账　　单位：元

20 年		凭证		摘要	借方转出	贷方					余额
月	日	种类	号数			售包装物	售原材料	固定资产出租		贷方合计	
11	30			1～11月累计	37 800	13 000	21 500	3 300		37 800	0

（51）总第51页，分第1页：其他业务成本明细账，七栏式账页（见表4－29）。

表 4－29　　其他业务成本明细账　　单位：元

20 年		凭证		摘要	借方					贷方转出	余额
月	日	种类	号数		售包装物	售原材料	固定资产出租		借方合计		
11	30			1～11 月累计	12 900	20 540	1 781		35 221	35 221	0

（52）总第 52 页，分第 1 页：营业外收入明细账，九栏式账页。

（53）总第 53 页，分第 1 页：营业外支出明细账，九栏式账页（见表 4－30）。

表 4－30　　营业外支出明细账　　单位：元

20 年		凭证		摘要	借方					贷方转出	余额
月	日	种类	号数		非流动资产毁损报废损失	盘亏损失（固定资产）	子弟学校经费	公益救济性捐赠	借方合计		
11	30			1～11 月累计	16 700	21 000	12 100	30 000	79 800	79 800	0

（54）总第 54 页，分第 1 页：投资收益明细账，九栏式账页。

（55）总第 55 页，分第 1 页：资产减值损失明细账，九栏式账页。

（56）总第 56 页，分第 1 页：所得税明细账，三栏式账页。

（57）总第 57 页，分第 1 页：以前年度损益调整明细账，三栏式账页。

（58）总第 58 页，分第 1 页：利润分配明细账，九栏式账页（见表 4－31）。

表 4－31　　利润分配明细账　　单位：元

20 年		凭证		摘要	提取盈余公积	应付利润	借方合计	盈余公积补亏	未分配利润	贷方合计	借或贷	余额
月	日	种类	号数									
12	1			年初余额							贷	199 568

三、明细账开户资料

龙城电机厂 20××年期初余额、借贷方发生额情况见表 4－32。

表 4－32　　龙城电机厂 20××年明细账开户资料　　单位：元

科目代码	科目名称	科目名称	科目名称	年初借余	年初贷余	1～11 月借方累计	1～11 月贷方累计	期末借余	期末贷余
1001	库存现金			200		635 687	635 700	187	
1002	银行存款			256 300		8 338 107	8 356 981.6	237 425.4	
11010101	交易性金融资产	康乐股票	成本	176 500		26 500	126 200	76 800	
11010201		光华债券	成本	256 600		34 700	235 000	56 300	
11010301		利民债券	成本	101 900		64 100	85 000	81 000	
11010401		飞达股票	成本						
112101	应收票据	齐都公司		20 500		99 120	109 420	10 200	
112102		进华公司							
1132	应收利息								
112201	应收账款	进华公司		242 000		1 328 000	1 328 600	241 400	
112202		沙雷厂		150 930		839 592	838 992	151 530	
112203		东升厂		167 070		251 743	260 313	158 500	
112301	预付账款	市建筑一公司	厂房委外大修			5 000		5 000	
112302		预付财产保险费		10 480			10 100	380	
12210101	其他应收款	备用金	金磊	1 800		10 100	11 500	400	
12210201		职工借款	王进						
122103		铁路局							
123101	坏账准备	应收账款计提坏账准备			1 680				1 680
123102		其他应收款计提坏账准备							
123103		应收票据计提坏账准备							

续表

科目代码	科目名称	科目名称	科目名称	年初借余	年初贷余	1~11月借方累计	1~11月贷方累计	期末借余	期末贷余
140101	材料采购	原材料采购		6 500		3 752 604	3 754 104	5 000	
140102		低耗品采购				91 300	91 300		
1403	原材料	（明细账考核略）		380 000		3 937 831	3 767 831	550 000	
1411	包装物	（明细账考核略）		48 000		38 400	36 400	50 000	
141201	低值易耗品	在库		160 000		345 900	355 900	150 000	
141202		在用		120 000		130 620	150 620	100 000	
141203		摊销		-110 000		74 180	69 180	-105 000	
140401	材料成本差异	原材料差异		-25 600		47 600		22 000	
140402		包装物差异		2 880		2 360	240	5 000	
140403		低耗品差异		-4 200		2 200		-2 000	
140501	库存商品	ST700		85 250		1 298 880	1 295 630	88 500	
		（数量）		275		4 400	4 375	300	
140502		ST60		39 600		902 415	899 515	42 500	
		（数量）		450		9 900	9 850	500	
140503		ST90		37 840		1 103 522	1 101 362	40 000	
		（数量）		880		24 200	24 080	1 000	
140504		ST8		33 650		937 601	932 851	38 400	
		（数量）		672		17 600	17 472	800	
140505		380v		13 680		383 300	385 780	11 200	
		（数量）		12		330	332	10	

续表

科目代码	科目名称	科目名称	科目名称	年初借余	年初贷余	1～11月借方累计	1～11月贷方累计	期末借余	期末贷余
140506		346V				244 800	244 800		
		（数量）				66	66		
140507		#605 新产品							
140801	委托加工物资	新华板箱厂				40 760	40 760		
1471	存货跌价准备								
15010101	债权投资	京能债券	成本						
15010102			利息调整						
151101	长期股权投资	宇洋股票		154 600				154 600	
160101	固定资产	生产用		3 329 400		344 600	124 000	3 550 000	
16010201		非生产用	房屋	140 000				140 000	
16010301		未使用	设备	71 600				71 600	
16010401		租出	设备	27 000				27 000	
160201	累计折旧	计提折旧			1 094 000		255 000		1 349 000
160202		盘亏转销折旧				13 000		13 000	
160203		出售转销折旧				12 000		12 000	
160204		报废转销折旧				55 000		55 000	
160205		毁损转销折旧							
160401	在建工程	出包技改工程				124 600	124 600		
160402		自制设备工程（#356）				12 469.6		12 469.6	
160403		自营安装工程（#358）							

续表

科目代码	科目名称	科目名称	科目名称	年初借余	年初贷余	1～11月借方累计	1～11月贷方累计	期末借余	期末贷余
160501	工程物资	专用材料		135 000			5 000	130 000	
160601	固定资产清理	转入净值				23 000		23 000	
160602		清理费用				1 000		1 000	
160603		其他支出							
160604		转出净收益				7 000		7 000	
160605		缴纳税金							
160606		出售价款					25 000		25 000
160607		残料收入					300		300
160608		应收保险赔款							
160609		其他收入							
160610		转出净损失					5 700		5 700
170101	无形资产	专利权		135 400				135 400	
1702	累计摊销						11 500		11 500
18010101	长期待摊费用	租入固定资产修理支出	机器	87 500			27 500	60 000	
18010102			设备			18 260	760	17 500	
1811	递延所得税资产			420				420	
190101	待处理财产损溢	待处理流动资产损溢				19 000	19 000		
190102		待处理固定资产损溢				32 000	32 000		
2001	短期借款				384 400		60 600		445 000
220101	应付票据	黄丰厂							

续表

科目代码	科目名称	科目名称	科目名称	年初借余	年初贷余	1~11月借方累计	1~11月贷方累计	期末借余	期末贷余
220201	应付账款	三星公司			358 020	2 149 447	2 107 427		316 000
220202		红旗厂			31 980	1 130 483	1 172 503		74 000
220203		供电局			99 000	266 900	173 900		6 000
220204		大众厂							
221101	应付职工薪酬	工资			486 500	486 500			
221102		职工福利			68 112. 50	68 112. 50			
221103		工会经费		3 200	14 950	12 500		750	
221104		职工教育经费			7 297. 50	7 297. 50			
221105		社会保险费	医疗保险费		48 650	48 650			
22110601		离职后福利	养老保险费		58 380	58 380			
22110602			失业保险费		4 865	4 865			
221107		住房公积金			48 650	48 650			
221108		其他长期职工福利	长病人员						
221109		辞退福利		83 000		4 640		87 640	
22210101	应交税费	应交增值税	进项税额			792 570		792 570	
22210102			已交税金			318 898		318 898	
22210103			销项税额		8 100		1 113 752		1 121 852

续表

科目代码	科目名称	科目名称	科目名称	年初借余	年初贷余	1～11月借方累计	1～11月贷方累计	期末借余	期末贷余
22210104			进项税额转出				2 616		2 616
22210105			转出未交增值税						13 000
22210106		未交增值税							
22210107		转让金融产品应交增值税							
222102		应交房产税			1 750	6 140	6 160		1 770
222103		应交土地使用税			520	1 760	1 740		500
222104		应交城建税			900	26 209	26 219		910
222105		应交所得税			82 530	231 307	184 697		35 920
222107		应交教育费附加			2 100	12 781	11 071		390
223101	应付利息	短期借款利息					20 280		20 280
223102		债券利息							
223201	应付利润	国家			209 680	209 680			
223202		法人			52 420	52 420			
224101	其他应付款	省税务社保费管理中心				111 895	111 895		
224102		市住房公积金管理中心				48 650	48 650		
2401	递延收益								
250101	长期借款	本金			996 672	349 641			647 031
250102		利息调整							
25020101	应付债券	甲债券	面值		80 000				80 000
25020102			利息调整		2 472	309			2 163

续表

科目代码	科目名称	科目名称	科目名称	年初借余	年初贷余	1～11月借方累计	1～11月贷方累计	期末借余	期末贷余
25020201		乙债券	面值		33 800				33 800
25020202			利息调整						
25020203			应计利息		4 056				4 056
271101	专项应付款	国家专款							
400101	实收资本	国家资本			2 251 200				2 251 200
400102		法人资本			562 800				562 800
400201	资本公积	资本溢价			23 000				23 000
4101	盈余公积				98 952				98 952
4103	本年利润					6 065 695	6 619 785		554 090
41040101	利润分配	提取法定盈余公积							
41040102		提取任意盈余公积							
410402		应付利润							
410403		未分配利润			199 568				199 568
50010101	基本生产	起动电机	直接材料	100 246		3 154 554	2 969 800	285 000	
50010102			直接人工	12 170		430 286	424 220	18 236	
50010103			制造费用	39 694		896 704	848 398	88 000	
50010201		#605 新产品	直接材料						
50010202			直接人工						
50010203			制造费用						
50010301		#218 定单（346V）	直接材料	81 400		85 070	144 310	22 160	

续表

科目代码	科目名称	科目名称	科目名称	年初借余	年初贷余	1～11 月借方累计	1～11 月贷方累计	期末借余	期末贷余
50010302			直接人工	28 420		31 090	59 266	244	
50010303			制造费用	19 384		23 040	41 224	1 200	
50010401		#225 定单（380V）	直接材料	79 010		158 440	227 090	10 360	
50010402			直接人工	32 920		66 010	98 642	288	
50 010 403			制造费用	19 756		39 612	57 568	1 800	
50010501		#236 定单	直接材料						
50 010 502			直接人工						
50010503			制造费用						
500201	辅助生产	机修车间	（明细账资料见账式）			93 717	93 717		
500202		工具车间	（明细账资料见账式）			19 260	19 260		
51010101	制造费用	一车间	工资			30 048	30 048		
51010102			职工福利费			4 207	4 207		
51010103			折旧费			168 400	168 400		
51010104			修理费			70 136	70 136		
51010105			办公费			13 000	13 000		
51010106			水电费			155 240	155 240		
51010107			物料消耗			128 000	128 000		
51010108			低耗品摊销			282 100	282 100		
51010109			劳动保护费			5 100	5 100		
51010110			医疗保险费			3 005	3 005		

续表

科目代码	科目名称	科目名称	科目名称	年初借余	年初贷余	1～11月借方累计	1～11月贷方累计	期末借余	期末贷余
51010111			工会经费			601	601		
51010112			职工教育经费			451	451		
51010113			租赁费						
51010114			差旅费			3 398	3 398		
51010115			保险费			4 600	4 600		
51010116			养老保险费			3 605	3 605		
51010117			失业保险费			300	300		
51010118			住房公积金			3 155	3 155		
51010119			其他费用						
51010201	制造费用	二车间	工资			1 510	1 510		
51010202			职工福利费			211	211		
51010203			折旧费			49 260	49 260		
51010204			修理费			924	924		
51010205			办公费			640	640		
51010206			水电费			1 360	1 360		
51010207			物料消耗			2 436	2 436		
51010208			低耗品摊销			2 900	2 900		
51010209			劳动保护费			180	180		
51010210			医疗保险费			151	151		
51010211			工会经费			30	30		

续表

科目代码	科目名称	科目名称	科目名称	年初借余	年初贷余	1~11月借方累计	1~11月贷方累计	期末借余	期末贷余
51010212			职工教育经费			23	23		
51010213			租赁费						
51010214			差旅费			702	702		
51010215			保险费			170	170		
51010216			养老保险费			181	181		
51010217			失业保险费			15	15		
51010218			住房公积金			159	159		
51010219			其他费用						
51010301	制造费用	机修车间	工资			75	75		
51010302			职工福利费			11	11		
51010303			折旧费			5 540	5 540		
51010304			修理费						
51010305			办公费						
51010306			水电费			2 500	2 500		
51010307			物料消耗			1 549	1 549		
51010308			低耗品摊销			74 180	74 180		
51010309			劳动保护费						
51010310			医疗保险费			7	7		
51010311			工会经费			2	2		
51010312			职工教育经费			1	1		

续表

科目代码	科目名称	科目名称	科目名称	年初借余	年初贷余	1~11月借方累计	1~11月贷方累计	期末借余	期末贷余
51010313			租赁费						
51010314			差旅费						
51010315			保险费			2 830	2 830		
51010316			养老保险费			9	9		
51010317			失业保险费			1	1		
51010318			住房公积金			8	8		
51010319			其他费用						
51010401	制造费用	工具车间	工资			45	45		
51010402			职工福利费			6	6		
51010403			折旧费			3 651	3 651		
51010404			修理费						
51010405			办公费						
51010406			水电费			1 600	1 600		
51010407			物料消耗						
51010408			低耗品摊销						
51010409			劳动保护费						
51010410			医疗保险费			5	5		
51010411			工会经费			1	1		
51010412			职工教育经费			1	1		

续表

科目代码	科目名称	科目名称	科目名称	年初借余	年初贷余	1～11月借方累计	1～11月贷方累计	期末借余	期末贷余
51010413			租赁费						
51010414			差旅费						
51010415			保险费			1 771	1 771		
51010416			养老保险费			5	5		
51010417			失业保险费			1	1		
51010418			住房公积金			4	4		
51010419			其他费用						
600101	主营业务收入	ST700				1 704 270	1 704 270		
		（数量）				4 375	4 375		
600102		ST60				1 247 280	1 247 280		
		（数量）				9 850	9 850		
600103		ST90				1 524 620	1 524 620		
		（数量）				24 080	24 080		
600104		ST8				1 264 400	1 264 400		
		（数量）				17 472	17 472		
600105		380V				521 465	521 465		
		（数量）				332	332		
600106		346V				254 950	254 950		
		（数量）				66	66		
605101	其他业务收入	售原材料				21 500	21 500		

续表

科目代码	科目名称	科目名称	科目名称	年初借余	年初贷余	1~11月借方累计	1~11月贷方累计	期末借余	期末贷余
605102		售包装物				13 000	13 000		
605103		固定资产出租				3 300	3 300		
611101	投资收益	交易性金融资产				36 000	36 000		
611102		债权投资				11 000	11 000		
611501	资产处置损益	处置固定资产损益				7 000	7 000		
		处置无形资产损益							
630101	营业外收入	政府补助							
630102		盘盈利得							
630103		捐赠得利							
630104		罚款收入							
630105		包装物押金罚没收入							
640101	主营业务成本	ST700				1 295 630	1 295 630		
640102		ST60				899 515	899 515		
640103		ST90				1 101 362	1 101 362		
640104		ST8				932 851	932 851		
640105		380V				385 780	385 780		
640106		346V				244 800	244 800		
640201	其他业务成本	售原材料				20 540	20 540		
640202		售包装物				12 900	12 900		
640203		固定资产出租				1 781	1 781		

续表

科目代码	科目名称	科目名称	科目名称	年初借余	年初贷余	1～11月借方累计	1～11月贷方累计	期末借余	期末贷余
64030101	税金及附加	库存商品	ST700			9 697	9 697		
64030102			ST60			7 097	7 097		
64030103			ST90			8 675	8 675		
64030104			ST8			7 194	7 194		
64030105			380V			2 962	2 962		
64030106			346V			1 451	1 451		
640302		原材料				196	196		
640303		包装物							
640304		固定资产出租				183	183		
660101	销售费用	运输费				21 400	21 400		
660102		包装费				3 200	3 200		
660103		广告费				107 824	107 824		
660104		其他费用				80 000	80 000		
660201	管理费用	工资				61 600	61 600		
660202		福利费				8 642	8 642		
660203		折旧费				26 368	26 368		
660204		修理费				9 950	9 950		
660205		办公费				19 900	19 900		
660206		水电费				10 340	10 340		
660207		物料消耗				21 600	21 600		

续表

科目代码	科目名称	科目名称	科目名称	年初借余	年初贷余	1~11月借方累计	1~11月贷方累计	期末借余	期末贷余
660208		低耗品摊销				4 180	4 180		
660209		差旅费				8 000	8 000		
660210		运输费				20 680	20 680		
660211		保险费				451	451		
660212		存货盘亏毁损				7 000	7 000		
660213		医疗保险费				6 160	6 160		
660214		养老保险费				7 392	7 392		
660215		研究费用				116 800	116 800		
660216		工会经费				1 232	1 232		
660217		失业保险费				616	616		
660218		职工教育经费				924	924		
660219		劳动保险费				269 375	269 375		
660220		住房公积金				6 468	6 468		
660221		无形资产摊销				11 500	11 500		
660222		其他费用				14 515	14 515		
660301	财务费用	利息支出				51 410	51 410		
660302		利息收入							
660303		金融机构手续费				200	200		
660304		其他							
670101	资产减值损失	存货跌价准备							

续表

科目代码	科目名称	科目名称	科目名称	年初借余	年初贷余	1～11月借方累计	1～11月贷方累计	期末借余	期末贷余
670201	信用减值损失	坏账准备							
671101	营业外支出	非流动资产毁损报废损失				16 700	16 700		
671102		盘亏损失（固定资产）				21 000	21 000		
671103		子弟中学经费				12 100	12 100		
671104		公益救济性捐赠				30 000	30 000		
671105		赔偿金、违约金							
671106									
671107									
680101	所得税费用	当期所得税费用				184 697	194 694		
680102		递延所得税费用							
6901	以前年度损益调整								

注：1～11月经营性应付项目和存货项目需调整的分录

借：在建工程　46 292
　贷：原材料　5 345
　　材料成本差异　-16
　　辅助生产　40 963

借：在建工程　7 938
　贷：应付职工薪酬——职工福利　7 938

借：原材料　300
　贷：固定资产清理　300

借：待处理财产损溢（流）　13 000
　贷：原材料　8 643
　　基本生产　2 743
　　材料成本差异　-96
　　应交税费——应交增值税（转出）　1 710

第六节 编制科目汇总表及登记总账

一、编制科目汇总表

龙城电机厂采用“科目汇总表”核算程序，全月编制一张“科目汇总表”，见表6-23。

二、总账账户示例

以“库存现金总账”账户为例，列标三栏账户格式及其开户样式（见表4-33）。

表4-33 **总账**

一级科目名称：库存现金 单位：元

20 年		凭证		对方科目	摘要	总页	借方金额	贷方金额	借或贷	金额
月	日	种类	号数							
1	1				年初余额				借	200
					……					
11	30				1~11月累计		635 687	635 700	借	187

三、总账开户资料

按表4-32资料，按一级科目汇总填入三栏式账页。

第七节 会计实务综合训练思政教育要求

一、会计专业学生爱岗敬业的基本功能力培养

（一）会计专业基本功的概念及意义

1963年财政部颁发《会计人员职权条例》以后，人们开始重视对会计专业基本功的研究。所谓会计专业基本功是指会计人员从事会计工作应具备的最基本的功能，是会计岗位必须具备的基本条件，是会计职业最基础、最广泛的能

力，是会计人员爱岗敬业的基本条件。

大型企业50%的面试题是在考查学生的基本功。他们认为，基本功能力强的学生工作认真、踏实，很少犯低级性错误；基本功不过关的学生则经常犯低级性错误，给企业带来不必要甚至是不可挽回的损失。例如，账户数字写错，导致资金进不了账户，影响企业的资金周转。

会计人员应加强基本功训练，要经得起会计人才市场的检验、挑选、挑战，经得起他们的多种测试。因而会计专业应注重学生基本功能力的培养。

有学者认为会计专业学生应具备的基本功能力包括社会通识能力、理论政策水平、获取知识和信息的能力、书写（书法和写作）、珠算、点算、外语、表达能力。

（二）会计工作环境变化对会计基本功能力的要求

1. 会计工作环境的变化

会计纯手工操作的年代已经一去不返，科技进步使得当今会计工作环境发生了很大变化，会计业务处理方式上出现了大量的电脑核算、会计软件操作。这些核算和操作方式实现了会计核算流程的变化，邮件、QQ群、网站平台下载使得会计业务传递更加便捷，无纸化操作变得可行。例如，财政部规定可以不打印总账，用发生额、余额试算平衡表代替。

在新的会计工作环境下，会计岗位要求的会计人员的基本功能力也有了不同要求。

2. 按新环境设计会计基本功能力的内容

会计岗位基本功是建立在会计十大类岗位的操作要求的基础上的，这十大类岗位包括出纳岗、薪酬岗、材料核算岗、固定资产核算岗、成本费用岗、销售利润岗、资金往来岗、总账报表岗、会计电算化岗、会计主管岗。根据这些岗位的业务内容、操作要求，本书认为会计工作环境变化提出的会计基本功能力应包括如下六大方面。

（1）书写。要符合会计账册的书写要求，符合规范的数码字书写要求，字体要工整、流畅，要清晰、易于辨认，且要能达到防止他人篡改的功能。

（2）点钞。尽管任何单位的会计部门都有点钞机、验钞机，但是钞票的点数能力以及假币的识别能力仍是会计人员不可缺失的基本功能力。

（3）计算能力。

①珠算。珠算的计算过程实际是珠心算，既有珠算也有心算，在连续加减计算领域，珠算的计算速度远超过计算器的运算速度。珠算是中华民族的瑰宝，不应失传。珠算是会计专业不应丢弃的基本功能力。

②计算器算。饭店、宾馆前台结算及企业结算部门的日常业务需要大量的加减及乘除运算，这些岗位对计算器操作有一定的速度要求。会计人员要加强对使用计算器的训练。

③电脑算。会计岗位有大量的表格计算和比较复杂的统计计算，例如，产

品生产成本、费用分配率等的计算，计算量非常大，单纯靠手工计算无疑会影响运算效率，因此需要会计人员熟练掌握电脑运算技能。

（4）会计职业道德语言表达能力。会计人员的职业道德包括爱岗敬业、诚实守信、廉洁自律、客观公正、坚持准则、提高技能、参与管理、强化服务。会计人员要将这些职业道德强化到日常工作中，要将会计的职业语言转化成一般人能接受的通用语言；要把会计监管有时不被常人理解的会计政策制度转化成“法律底线”的语言；要在经办具体业务时，对财、物管理在外人看来比较烦琐的手续能通过解释使他们理解“内部牵制防范弊端”的必要性。需要强调的是，会计人员履行会计职业道德时应注意“和谐”职能，对前来办事的业务经办人员能解释业务处理原则，能坚守职业道德，将会计职业道德的内在要求准确表达出来。

（5）会计资料归类整理能力。由于十大类会计岗位有不同的业务分工，所对应的业务核算资料有所不同，各种票证账表的格式、数量各有不同，特别是有一些业务涉及不相容岗位之间的衔接，学会会计资料归类整理就变得非常重要。

（6）会计环境应变能力。

①对财经法规政策的应变能力。当会计准则、法规制度变化时，能随时调整原有的准则、制度中不相适应的内容。

②会计轮岗的应变能力。当会计人员从一个会计岗位轮岗到另一会计岗位时，能及时地转变工作思路，明确新岗位的工作职责、业务范围，合理地开展新岗位业务。

③会计人员跟各相关职能部门进行协调、沟通的应变能力。比如出纳人员与银行、税务会计与税务机关等进行业务衔接时，应具备良好的协调、沟通能力。

④会计人员跟前来办事的业务经办人员进行交流、沟通的能力，能以恰当的方式宣传财经法规及本单位的财务制度，使之能愉快地接受。

⑤会计人员与上级领导、广大群众在发生业务冲突时对冲突的化解有应变能力，要能心平气和地将问题化解而不是激化矛盾。

对于会计专业学生而言，以上基本功能力应该在学习期间通过多种方式进行培养，只有具备了这些基本功能力，才能更好地适应会计岗位技能要求，更快地成长为合格的会计工作人员。

（三）会计专业学生基本功能力提升设计

1. 训练

在会计专业的课程体系中，应设置相应课程或实训，有针对性地训练学生的书写、点钞、计算、会计职业道德语言表达、会计资料归类整理、会计环境调节应变能力。

可以通过设计数码字书写训练、传票算、珠算与点钞、计算机基础操作等课程来训练学生的书写、点钞、珠算、计算器算、电脑算等基本功。书写还应理解为书法及写作，因此，除专门的数码字书写外，要求会计专业的学生还应通过临摹等方法进行书法的训练，以及通过财经应用文写作课程的学习进行写作训练。

就会计资料归类整理能力的训练而言，学生在校期间应学会整理学习过程中的会计资料。如按学科门类归类整理，包括会计学科、财务管理学科、审计学科；按会计主干课程归类，包括基础会计、中级财务会计、成本会计、财务管理、管理会计、审计学、会计电算化、财务分析；按会计岗位归类，包括出纳岗、薪酬岗、材料岗、固定资产岗、成本费用岗、销售利润岗、资金往来岗、总账报表岗、会计电算化岗；按会计工作性质，包括文件准则、财经方针政策、财会法规制度、理论研究动态、实际运用技能。

2. 考核及认证

会计专业的学生在学习期间参加相关职业技能鉴定可以取得的证书包括初级会计资格证书、电算化会计证书，这些证书能证明会计专业学生通过了相关考核，具备相应的技能水平。

此外，学校还可以请有关机构对学生进行会计岗位技能的认证，给通过考核的学生颁发《会计岗位技能培训合格证》，来强化学生的会计操作技能培养意识。

学校可以对学生分别进行十大类会计岗位技能的培训，设计相应的技能考核标准，来分别强化学生对于十大类会计岗位技能的掌握。学校在编写技能考核用教材时做两套原始凭证，一套按岗位设计，用于分岗技能考核，另一套按业务时间先后顺序设计，用于综合岗技能考核。至少经过 3 个月的培训，由市级总会计师协会专家人员考核、验收，考核后分别给出十个岗位的分数及综合岗的分数，对于考核合格的学生，颁发《会计岗位技能培训合格证》，由省级社会培训机构、市级总会计师协会盖章认可。

3. 竞赛

通过举办会计岗位技能大赛，将各种会计基本功能力以较为活泼、生动的方式加以体现，增加会计专业技能的趣味性，广泛调动学生参与的积极性，让学生在感觉有趣的同时提高对会计专业基本功的应用能力。

（1）书写比赛。书写比赛的内容包括数码字书写和汉字书写。书写比赛的形式可以是卷面作答或听写等。

将一份竞赛题设计成试卷，按要求进行阿拉伯数字 0 ~ 9 的规范书写、大小写金额及大写日期的正确书写、支票等票据填写，以及大小写金额及日期的转换。要求选手在规定时间内完成卷面作答。

模仿中央电视台汉字大赛的比赛规程，对会计语言、会计科目、会计专业术语等进行听写。要求学生书写准确、流畅。

（2）会计职业道德语言表达竞赛。设计案例，要求学生利用所学习的财经法规与会计职业道德知识口头分析作答。

案例设计成日常会计工作中常见业务。如报销业务，附件中有 3 张发票，其中有 2 张真发票，1 张假发票，怎么处理？有同学来借钱，怎么办？

针对所提出的案例，学生要答出要点，并进行清晰、完整的分析。

（3）屏幕显示竞赛。对于计算能力的竞赛，可以采用屏幕显示竞赛方式进行。要求学生将珠算、计算器算、电脑算的结果及时输入电脑，将每组选手的计算过程及每一步计算的得分情况即时显示在屏幕上。

（4）资料整理竞赛。设计一沓资料，包括各种格式及大小的单据，要求学生按规定进行分类，比如按经济业务性质分类、按凭证种类分类、按会计岗位分类等，并整理装订。

二、会计职业道德要求的会计技能的训练与提升

（一）会计职业道德的法规层面要求

我国《会计法》对会计人员的职业道德提出了明确的要求，包括诚实守信、勤勉尽责、保守商业秘密，以及不得伪造、变造会计凭证、会计账簿，也不得隐匿、销毁会计资料。这些要求旨在确保会计信息的真实性和完整性，维护财经纪律和经济秩序，同时保护会计人员的职业操守和道德标准。

2014 年 4 月，财政部颁布的《会计从业资格考试大纲》明确规定《财经法规与会计职业道德》是会计从业人员必考科目。其中，考试大纲规定的会计职业道德的内容包括八项：爱岗敬业；诚实守信；廉洁自律；客观公正；坚持准则；提高技能；参与管理；强化服务。2018 年 7 月 1 日，财政部制定实施的《会计人员继续教育规定》第九条规定，会计“职业道德”是会计专业技术人员继续教育内容包括的公需科目。

2023 年 1 月 12 日，财政部制定印发了《会计人员职业道德规范》，提出了会计人员必须遵守的三条职业道德规范：

（1）坚持诚信，守法奉公。牢固树立诚信理念，以诚立身、以信立业，严于律己、心存敬畏。学法知法守法，公私分明、克己奉公，树立良好职业形象，维护会计行业声誉。

（2）坚持准则，守责敬业。严格执行准则制度，保证会计信息真实完整。勤勉尽责、爱岗敬业，忠于职守、敢于斗争，自觉抵制会计造假行为，维护国家财经纪律和经济秩序。

（3）坚持学习，守正创新。始终秉持专业精神，勤于学习、锐意进取，持续提升会计专业能力。不断适应新形势新要求，与时俱进、开拓创新，努力推动会计事业高质量发展。

从以上国家法规制度层面可见，对会计专业学生进行会计职业道德教育的一个重要内容是“提高技能”或“提升会计专业能力”。

（二）开展会计岗位技能训练的现状和必要性分析

目前，高等学校财务管理专业、会计学专业学生在校期间就实验课程及专业考证而言，实现“三验”（三大实验）“一证”（取得初级会计资格证）制。内容如下：

（1）开展基础会计实验。学生结合《基础会计学》课程的教学所做的填制会计凭证、登记会计账簿等实验。

（2）开展中级财务会计实验（上）（下）。学生结合《中级财务会计》课程的教学所做的货币资金核算、交易性金融资产核算、应收账款核算、存货核算、非流动资产投资核算、固定资产核算、无形资产核算、负债核算、收入费用利润核算、所有者权益核算等实验。

（3）进行会计实务训练与考核。它是所有课程学完后学生所做的涉及会计、财务、分析等知识的现场会计实务的手工操作和电算化会计操作。

以上三大实验解决了会计理论和实践密切结合的问题，虽然学生在毕业时在就业过程中现场人员能通过成绩单反映一些实践的本领，但学生究竟具有什么样的能力才被现场人员看中：2018 年 5 月，国务院发布《关于推行终身职业技能培训制度的意见》规定，职业技能培训是全面提升劳动者就业创业能力、缓解技能人才短缺的结构性矛盾、提高就业质量的根本举措；坚持以促进就业创业为目标，瞄准就业创业和经济社会发展需求确定培训内容，加强对就业创业重点群体的培训，提高培训后的就业创业成功率，着力缓解劳动者素质结构与经济社会发展需求不相适应、结构性就业矛盾突出的问题。

解决以上问题的一个重要方面，就是让学生进行“会计岗位技能训练”——会计十大岗位技能训练，并获得专门机构颁发的“会计岗位技能培训证书”。

2007 年 12 月 13 日，教育部办公厅印发的《大学生职业发展与就业指导课程教学要求》明确提出，大学生应当掌握自我探索技能、信息搜索与管理技能、生涯决策技能、求职技能等，还应该通过课程提高学生的各种通用技能，比如沟通技能、问题解决技能、自我管理技能和人际交往技能等。其中，“求职技能”对大学生就业尤为重要。通知还指出：要“具体分析已确定职业和该职业需要的专业技能、通用技能，以及对个人素质的要求，并学会通过各种途径来有效地提高这些技能”。这就是说，大学生各种技能的提高要靠多种途径来实现。

2009 年 8 月 6 日，国务院法制办公室公布《职业技能培训和鉴定条例（征求意见稿）》，第十二条规定：“实施职业技能培训应当以促进就业为导向，适应劳动者职业生涯发展和经济社会发展的需要，突出培训的针对性和实用性”。第十三条规定：“县级以上地方人民政府应当加强统筹协调，鼓励和支持各类职业院校、职业技能培训机构和用人单位依法开展就业前培训、在职培训、再就业培训和创业培训”。从这些规定中可见，“技能”和“职业”关联，称“职业技能”，职业技能培训的目的是促进“就业”，即“以就业为导向”。这为高校加强大学生职业技能培训提供了依据。

在国务院文件的指引下，一些高校积极努力提高学生的职业本领。例如，为促进大学生就业，增强大学生的专业技能和实践经验，2009 年 3 月初，大连市高校工委和大连市教育局联手，对在连高校符合条件的 1 276 名应届大学毕业生实施免费的职业技能培训，这批学生是在近 5 000 名报名参加培训的大学生中选拔出来的幸运者。大连市 9 所国家级重点中职学校，作为此次大学生就业技能培训基地，共开发了 19 个培训项目。

又如，鞍山市建立了“鞍山市大学生职业技能培训中心”，凡鞍山市应往届毕业生，不论年龄均可免费学习技能。该市高度重视毕业生的职业技能培训工作，把“建立鞍山市大学生职业技能培训中心”列入 2009 年市政府八项民生工程之中。

再如，东北财经大学财务学专业的学生在商业学校参加了三个月的技能培训，收效很大。据《绍兴特快》报道，2009 年 8 月 27 日，绍兴市劳动和社会保障局正式启动千名大学生职业技能培训活动，费用全部由政府买单。这一活动鼓励市区尚未就业的高校毕业生参加就业见习、技能实训、创业培训，以丰富职业经历，提高就业技能，尽快实现就业。

以上情况表明，大学生技能培训已经在一些城市启动，它将不断扩展到全国各市。

（三）会计岗位技能训练的基本内容

1. 会计岗位技能训练的具体内容

通过查阅财政部有关会计制度、财务管理制度等法规，研究确定以下十大会计岗位的具体内容及其技能要求。

（1）研究确定会计核算“出纳岗位”的具体内容及其技能要求；（2）研究确定会计核算“工资岗位”的具体内容及其技能要求；（3）研究确定会计核算“材料岗位”的具体内容及其技能要求；（4）研究确定会计核算“固定资产岗位”的具体内容及其技能要求；（5）研究确定会计核算“成本岗位”的具体内容及其技能要求；（6）研究确定会计核算“销售利润岗位”的具体内容及其技能要求；（7）研究确定财务管理“资金证券岗位”的具体内容及其技能要求；（8）研究确定财务管理“往来结算岗位”的具体内容及其技能要求；（9）研究确定会计核算“总账报表岗位”的具体内容及其技能要求；（10）研究确定“会计电算化岗位”的具体内容及其技能要求。

2. 会计岗位技能训练的方式

一是在会计实验室进行会计具体岗位的“角色模拟训练”。研究会计具体岗位“角色模拟训练”的内容、方式、方法及其考核要求；二是组织学生进入社会“会计人才训练中心”进行会计职业技能训练。研究“社会职业技能训练”的组织方式、时间安排和具体措施。

3. 会计岗位技能训练证书的设置与运作

我们认为，会计学专业毕业生获取“会计岗位技能训练证书”对于大学生就业非常重要，它是国家人才培养方针政策在新时期的具体化。如何设计和运作这一训练证书？我们提出下列建议：

首先，要通过宣传得到各级政府的支持。

其次，要同各级人力资源和社会保障局和财政局联系，让他们设计“会计岗位技能训练证书”的格式，规范“会计岗位技能训练证书”的制度和程序；同时还可联系各级会计学会、财务学会、总会计师协会等会计职业组织，取得他们的支持和认可，协同办好有关事宜。

再次，寻求社会“会计人才训练中心”进行会计职业技能训练，因为他们有丰厚的现场会计训练资料、实践经验，并掌握着会计职业的基本需求。

最后，寻求会计学权威或专家对“会计岗位技能训练”进行检查认定，在考查大学生确实掌握了“会计岗位技能”基本本领后可在“训练证书”上签字。

三、会计岗位技能训练的实践意义与理论价值

中国矿业大学会计学专业教师通过对“会计岗位技能训练”的专题研究，每年组织会计学专业学生进行专门训练，取得了良好的成绩。他们聘请了徐州青蓝会计人才培训中心这一社会组织和中国矿业大学会计学专业教师进行联合训练，通过徐州市总会计师协会专家进行督岗，90% 的学生获得了徐州青蓝会计人才培训中心、徐州市总会计师协会联合签章的“会计岗位技能培训证书”，学生的会计岗位操作技能明显提高，得到了社会认可，为会计学专业学生就业创造了良好的条件。这件事使高校的领导和师生得到震动：大学生取得“会计岗位技能培训证书”，不仅仅是大学生就业的事情，更重要的是它弥补了现行实践教学体系的不足，为现行的“理论实践型”模式向“职业就业型”模式转换提供了思路，为高校其他专业实践教学改革提供了可以借鉴的理论指导和可供仿效的运作方案。

第五章　会计实务综合训练的会计报表资料

龙城电机厂会计报表分为三大类：一是财务报表，包括资产负债表、利润表、现金流量表、所有者权益变动表；二是成本报表，包括营业收支明细表、产品生产成本表、主要产品单位成本表、制造费用明细表、销售费用明细表、管理费用明细表、财务费用明细表、投资收益明细表、营业外收支明细表、产品生产及销售成本表；三是财务报表附表，包括应交税费明细表、资产减值准备明细表等。

第一节　编制的财务报表

一、资产负债表

资产负债表格式见表 5 – 1。

表 5－1　　**资产负债表**

会企 01 表

编制单位：　　　　年　月　日　　　　单位：元

资产	期末余额	年初余额	负债和所有者权益（或股东权益）	期末余额	年初余额
流动资产：			流动负债：		
货币资金			短期借款		
交易性金融资产			交易性金融负债		
应收票据			应付票据		
应收账款			应付账款		
预付款项			预收款项		
应收利息			应付职工薪酬		
应收股利			应交税费		
其他应收款			应付利息		
存货			应付股利		
一年内到期的非流动资产			其他应付款		
其他流动资产			一年内到期的非流动负债		
流动资产合计			其他流动负债		
非流动资产：			流动负债合计		
债权投资			非流动负债：		
其他债权投资			长期借款		
长期应收款			应付债券		
长期股权投资			长期应付款		
投资性房地产			专项应付款		
固定资产			预计负债		
在建工程			递延所得税负债		
工程物资			其他非流动负债		
固定资产清理			非流动负债合计		
生产性生物资产			负债合计		
油气资产			所有者权益（或股东权益）：		
无形资产			实收资本（或股本）		
开发支出			资本公积		
商誉			减：库存股		
长期待摊费用			盈余公积		
递延所得税资产			未分配利润		
其他非流动资产			所有者权益（或股东权益）合计		
非流动资产合计					
资产总计			负债和所有者权益（或股东权益）总计		

二、利润表

利润表格式见表 5－2。

表 5 – 2

利润表

会企 02 表

编制单位：　　　　年　月　　　　单位：元

项目	本期金额	上期金额
一、营业收入		
减：营业成本		
税金及附加		
销售费用		
管理费用		
财务费用		
其中：利息费用		
利息收入		
资产减值损失		
信用减值损失		
加：公允价值变动收益（损失以“ – ”号填列）		
投资收益（损失以“ – ”号填列）		
其中：对联营企业和合营企业的投资收益		
二、营业利润（亏损以“ – ”号填列）		
加：营业外收入		
减：营业外支出		
其中：非流动资产处置损失		
三、利润总额（亏损总额以“ – ”号填列）		
减：所得税费用		
四、净利润（净亏损以“ – ”号填列）		
五、其他综合收益		
六、综合收益总额		
七、每股收益：		
（一）基本每股收益		
（二）稀释每股收益		

三、现金流量表

现金流量表格式见表 5 – 3。

表 5 - 3　　现金流量表

会企 03 表

编制单位：　　　　年　　　　单位：元

项目	行次	金额	补充资料	行次	金额
一、经营活动产生的现金流量			1. 将净利润调节为经营活动现金流量		
销售商品、提供劳务收到的现金	1		净利润	59	
收到的税费返还	2		加：计提的资产减值准备	60	
收到的其他与经营活动有关的现金	8		固定资产折旧	61	
经营活动现金流入小计	9		无形资产摊销	62	
购买商品、接受劳务支付的现金	10		长期待摊费用摊销	63	
支付给职工以及为职工支付的现金	12		处置固定资产、无形资产和其他长期资产的损失（减：收益）	64	
支付的各种税费	13		固定资产报废损失（减：收益）	65	
支付的其他与经营活动有关的现金	18		公允价值变动损失（减：收益）	66	
经营活动现金流出小计	20		财务费用（减：收益）	67	
经营活动产生的现金流量净额	21		投资损失（减：收益）	68	
二、投资活动产生的现金流量			递延所得税资产减少（减：增加）	69	
收回投资所收到的现金	22		递延所得税负债增加（减：减少）	70	
取得投资收益所收到的现金	23		存货的减少（减：增加）	71	
处置固定资产、无形资产和其他长期资产而收到的现金净额	25		经营性应收项目的减少（减：增加）	72	
处置子公司及其他营业单位收到的现金净额	26		经营性应付项目的增加（减：减少）	73	
收到的其他与投资活动有关的现金	28		其他	74	
投资活动现金流入小计	29				
购建固定资产、无形资产和其他长期资产所支付的现金	30		经营活动产生的现金流量净额		
投资支付的现金	31		2. 不涉及现金收支的投资和筹资活动	75	
取得子公司及其他营业单位支付的现金净额	32		债务转为资本	76	
支付的其他与投资活动有关的现金	35		一年内到期的可转换债券	77	
投资活动现金流出小计	36		融资租入的固定资产		
投资活动产生的现金流量净额	37		3. 现金及现金等价物增加情况	78	
三、筹资活动产生的现金流量			现金的期末余额	79	
吸收投资所收到的现金	38		减：现金的期初余额	80	
取得借款所收到的现金	40		加：现金等价物的期末余额	81	
收到的其他与筹资活动有关的现金	43		减：现金等价物的期初余额	82	
筹资活动现金流入小计	44		现金及现金等价物净增加额	83	
偿还债务所支付的现金	45				
分配股利、利润和偿付利息所支付的现金	46				
支付的其他与筹资活动有关的现金	52				
筹资活动现金流出小计	53				
筹资活动产生的现金流量净额	54				
四、汇率变动对现金的影响	55				
五、现金及现金等价物净增加额	56				
加：期初现金及现金等价物余额	57				
六、期末现金及现金等价物余额	58				

四、所有者权益变动表

所有者权益变动表格式见表 5 - 4。

表 5－4

所有者权益变动表

会企 04 表

编制单位：　　　　　　　　　　年度　　　　　　　　　　单位：元

项目	本年金额						上年金额					
	实收资本（或股本）	资本公积	减：库存股	盈余公积	未分配利润	所有者权益合计	实收资本（或股本）	资本公积	减：库存股	盈余公积	未分配利润	所有者权益合计
一、上年年末余额												
加：会计政策变更												
前期差错更正												
二、本年年初余额												
三、本年增减变动金额（减少以“－”号填列）												
（一）净利润												
（二）直接计入所有者权益的利得和损失												
1. 所有者投入的普通股												
2. 其他权益工具持有者投入资本												
3. 股份支付计入所有者权益的净额												
4. 其他												
上述（一）和（二）小计												
（三）利润分配												
1. 提取盈余公积												
2. 对所有者（或股东）的分配												
3. 其他												
（四）所有者权益内部结转												
1. 资本公积转增资本（或股本）												
2. 盈余公积转增资本（或股本）												
3. 盈余公积弥补亏损												
4. 设计受益计划变动额结转留存收益												
5. 其他综合收益结转留存收益												
6. 其他												
四、本年年末余额												

五、资产减值准备明细表

资产减值准备明细表格式见表5－5。

表5－5　　　　**资产减值准备明细表**

编制单位：　　　　20　年　月　　　　单位：元

项目	年初账面余额	本期计提额	本期减少额		期末账面余额
			转回	转销	
一、坏账准备					
二、存货跌价准备					
三、债权投资减值准备					
四、其他综合收益——信用减值准备					
五、长期股权投资减值准备					
六、投资性房地产减值准备					
七、固定资产减值准备					
八、工程物资减值准备					
九、在建工程减值准备					
十、生产性生物资产减值准备					
其中：成熟生产性生物资产减值准备					
十一、油气资产减值准备					
十二、无形资产减值准备					
十三、商誉减值准备					
十四、其他					
合计					

六、应交税费明细表

应交税费明细表格式见表5－6。

表5－6　　　　　　　　　　　　应交税费明细表

编制单位：　　　　　　　　　　20　年　月　　　　　　　　　　　单位：元

税费项目	期末账面余额	年初账面余额
1. 增值税		
2. 未交增值税		
3. 转让金融产品应交增值税		
4. 所得税		
5. 城镇土地使用税		
6. 城市维护建设税		
7. 房产税		
8. 教育费附加		
合计		

七、主营业务收支明细表

主营业务收支明细表格式见表5－7。

表5－7　　　　　　　　　　　　主营业务收支明细表

编制单位：　　　　　　　　　　20　年度　　　　　　　　　　　单位：元

项目	营业收入	营业成本	税金及附加	营业利润
一、产品销售				
1. ST700 起动电机				
2. ST60 起动电机				
3. ST90 起动电机				
4. ST8 起动电机				
5. 346V 变速电机				
6. 380V 变速电机				
7. #605 新产品				
小计				
二、其他业务				
1. 材料销售				
2. 固定资产出租				
小计				
合计				

第二节　编制的成本报表

一、产品生产成本表

产品生产成本表格式见表5－8。

表5－8　　产品生产成本表

编制单位：　　20　年　月　　单位：元

项目	上年实际	本月实际	本年累计实际
生产费用：			
直接材料			
其中：原材料			
直接工资			
制造费用			
生产费用合计			
加：在产品、自制半成品期初余额			
减：在产品、自制半成品期末余额			
产品生产成本合计			

二、主要产品单位成本表

主要产品单位成本表格式见表5－9。

表5－9　　主要产品单位成本表

20　年　月　　单位：元

产品名称：ST700　计量单位：　售价：　本月实际产量：　本年实际产量：

成本项目	本年累计实际总成本		上年实际平均单位成本	本月实际单位成本	本年累计实际平均单位成本	
直接材料						
直接工资						
制造费用						
产品生产成本						
补充资料项目：	上年实际	本年实际	补充资料项目：		上年实际	本年实际
产品销售率（%）			流动资金周转率（次）			
资金利税率（%）			实现利税总额			
增加值率（%）			职工工资总额			

三、制造费用明细表

制造费用明细表格式见表5－10。

表5－10　　**制造费用明细表**

20　年　月　　　　单位：元

项目	上年实际	本年计划	本月实际	本年累计实际
1. 工资				
2. 职工福利费				
3. 社会保险费				
（1）医疗保险费				
（2）工伤保险费				
（3）生育保险费				
4. 住房公积金				
5. 工会经费				
6. 职工教育经费				
7. 非货币性福利				
8. 短期利润分享计划				
9. 其他短期薪酬工资				
10. 养老保险费				
11. 失业保险费				
12. 辞退福利				
13. 其他长期职工福利				
14. 股份支付				
15. 折旧费				
16. 修理费				
17. 办公费				
18. 水电费				
19. 机物料消耗				
20. 低值易耗品摊销				
21. 劳动保护费				
22. 差旅费				
23. 保险费				
24. 运输费				
25. 其他费用				
制造费用合计				

四、销售费用明细表

销售费用明细表格式见表5－11。

表5－11　　　　**销售费用明细表**

20　年　月　　　　单位：元

项目	上年实际	本年计划	本月实际	本年累计实际
1. 包装费				
2. 运输费				
3. 广告费				
4. 其他费用				
合计				

五、财务费用明细表

财务费用明细表格式见表5－12。

表5－12　　　　**财务费用明细表**

20　年　月　　　　单位：元

项目	上年实际	本年计划	本月实际	本年累计实际
1. 利息支出				
减：利息收入				
2. 汇兑净损失				
3. 金融机构手续费				
4. 其他				
合计				

六、管理费用明细表

管理费用明细表格式见表5－13。

表 5－13　　管理费用明细表

20　年　月　　单位：元

项目	上年实际	本年计划	本月实际	本年累计实际
1. 管理人员薪酬				
（1）工资、奖金、津贴和补贴				
（2）职工福利费				
（3）社会保险费				
①医疗保险费				
②工伤保险费				
③生育保险费				
（4）住房公积金				
（5）工会经费				
（6）职工教育经费				
（7）非货币性福利				
（8）短期利润分享计划				
（9）其他短期薪酬工资				
（10）养老保险费				
（11）失业保险费				
（12）劳动保险费				
2. 折旧费				
3. 办公费				
4. 差旅费				
5. 运输费				
6. 保险费				
7. 修理费				
8. 水电费				
9. 物料消耗				
10. 低值易耗品摊销				
11. 无形资产摊销				
12. 存货盘亏毁损				
13. 研究费用				
20. 仓库经费				
21. 其他				
合计				

七、投资收益明细表

投资收益明细表格式见表5－14。

表5－14　　　　投资收益明细表

20　年　月　　　　单位：元

项目	上年实际	本年实际
1. 交易性金融资产		
2. 债权投资		
3. 其他债权投资		
4. 长期股权投资		
5. 其他		
合计		

八、营业外收支明细表

营业外收支明细表格式见表5－15。

表 5－15

营业外收支明细表

20　年　月

单位：元

项目	上年实际	本年实际
一、营业外收入		
1. 政府补助		
2. 盘盈利得		
3. 罚款收入		
4. 包装物押金罚没收入		
5. 无法支付的应付款		
6. 长期股权投资利得		
7. 其他		
营业外收入合计		
二、营业外支出		
1. 非流动资产毁损报废损失		
2. 盘亏损失		
3. 罚款支出		
4. 滞纳金		
5. 赔偿金、违约金		
6. 非公益性捐赠支出		
7. 公益捐赠支出		
8. 非常损失		
营业外支出合计		

九、产品生产、销售成本表

产品生产、销售成本表格式见表 5－16。

表 5 – 16　　　　　　　　**产品生产、销售成本表**

编制单位：　　　　　　　　20　年　月　　　　　　　　单位：元

产品名称	规格	计量单位	生产量		销售量			单位生产成本			生产总成本			销售成本			期初结存		期末结存
			本月	本年累计	本月	其中：销售退回	本年累计	上年实际平均	本月实际	本年累计实际平均	上年实际总成本	本月实际	本年累计实际总成本	本月实际	本年累计实际	数量	成本	数量	成本
	×	×	×	×	×	×	×	×	×	×	×							×	
主要产品合计																			
其中：1. ST700																			
2. ST60																			
3. ST90	×	×	×	×	×	×	×	×	×	×	×							×	
4. ST8																			
5. 380V 变速电机																			
非主要产品合计																			
其中：1. 346V 变速电机																			
2. #605 新产品	×	×	×	×	×	×	×	×	×	×	×							×	
全部产品生产成本	×	×	×	×	×	×	×	×	×	×	×							×	

第三节　会计报表编制的思政要求

《企业财务会计报告条例》第十七条规定，企业编制财务会计报告，应当根据真实的交易、事项以及完整、准确的账簿记录等资料，并按照国家统一的会计制度规定的编制基础、编制依据、编制原则和方法。企业不得违反本条例和国家统一的会计制度规定，随意改变财务会计报告的编制基础、编制依据、编制原则和方法。任何组织或者个人不得授意、指使、强令企业违反本条例和国家统一的会计制度规定，改变财务会计报告的编制基础、编制依据、编制原则和方法。第三条规定，企业不得编制和对外提供虚假的或者隐瞒重要事实的财务会计报告。企业负责人对本企业财务会计报告的真实性、完整性负责。这些规定，是教师组织学生编制会计报表的思政总要求。如何在编制会计报表过程中对学生进行“数字法律教育”呢？我们认为，培养学生的职业素质、职业素养和执业能力是根本。

一、抓会计职业素质教育是前提

我国高等学校1997年开始研究会计学专业学生素质教育问题，1998年开始构建会计学专业素质教育课程体系。2000年在会计实务界提出会计人员“职业素质”概念，界定它的外延包括六个方面：政治素质、道德素质、业务素质、技能素质、协调素质、心理素质。朱学义（2016）提出，会计职业素质包括：会计职业素质的基本品质；会计职业素质的基本态度；会计职业的业务素质；会计职业的身体心理素质。朱亮峰（2018年）提出，要将会计学专业学生职业素质教育纳入会计专业学生的综合素质范畴，突出会计职业对会计人才综合素质的要求，包括政治思想素质、科学文化素质、业务技术素质、道德品质素质、身体心理素质教育等。黄舒淇（2025）针对AI时代背景，提出增加新的会计职业素质是“会计职业数智素质”。

我国教育界针对原先注重“应试教育”的弊端提出了“素质教育”的观点。应试教育主要是知识的应试，它忽略了学生能力的培养和素质的提高。为了弥补学生“能力培养”的缺失，高校从学生未来工作职业要求出发，提出了职业素质教育问题。从素质教育到职业素质教育是一种飞跃。首先，素质教育把知识、能力和素质有机地结合在一起。素质教育强调学生的全面发展和综合素质的全面提高，其核心思想是教育学生“如何做人、如何做事、如何做学问和如何创新思维”。知识是人的行为基础，能力是人的知识的有效应用。知识和能力的结合产生智能，素质教育不能代替知识的传授和能力的培养，但人的智能有两面性：积极性和消极性，素质教育能统领和引导积极性，能辐射知识的学习和能力的培养，会使受教育者扩大知识面，提升能力才华，所以，素质教育能有效地把知识、能力融合在一起，让其发挥积极向上的、效用最大的作用。其次，职业素质教育使素质教育有了着陆点和支撑点。高等教育不同于基础教育的一个重要方面是专业教育。专业教育是面向专门职业的教育，是为国家各行各业培养专门人才的教育。职业素质教育正是为国家各条战线培养各种专门的教育。

二、抓会计职业素养教育是根基

我国自1993年高等学校扩大招生规模以来，全国会计学专业发展迅猛。我国高等学校会计学专业“精英”教育已转向“大众化”教育，会计实务界对高等学校培养的会计学专业本科生也提出了职业上的新要求：有本事、有能力、肯干、会办事、有培养前途。但是，在“大众化”教育的背景下，一些高等学校，尤其是生源不好或不太好的高等学校，向社会输送的会计专业学生职业素养不理想，突出表现在三方面：一是工作态度浮躁。找工作挑三拣四，干工作怕苦怕累。二是业务能力不强。专业知识没学好，业务生疏不求教。三是处理事

务不力。言语格调傲慢，管理沟通不畅。出现这些问题的根本原因在于缺乏会计职业素养。

所谓会计职业素养，是指从事会计职业工作的人员在会计职业活动中所表现出来的、按会计职业岗位规范和要求养成的工作作风、行为习惯和综合品质。高等学校进行会计职业素养教育就是教育会计从业者应具备良好的择业观念、职业理想、职业信念、职业态度、职业责任、职业纪律、职业技能、职业兴趣和职业情感等。会计职业素养同会计职业素质的关系是：会计职业素质是会计职业素养的基础和前提。会计职业素质越强，会计职业素养越好；良好的会计职业素养，反映了综合的会计职业素质。会计职业素养同会计职业素质的根本区别是：会计职业素质是人的全面发展所具有的要素和特质，会计职业素养是人在会计职业工作中所体现的工作态度、作风和品质。

高校对会计专业学生进行职业素养教育的根本基点是进行“敬业精神”的教育。敬业是社会主义核心价值观的重要内容，也是社会公民干好一切工作的根基。对会计专业学生进行“敬业精神”的教育就是教育学生敬重自己从事的会计事业，全身心致力于会计事业，千方百计地干好会计事业。具体讲：

（1）结合会计专业课程阐明“爱岗敬业”的基本内容，讲清“爱岗敬业”的基本要求。

（2）教育学生诚实守信。诚实办事，不做假账；保守单位商业秘密，不为利益所诱惑；谨慎执业，维护职业信誉。

（3）教育学生廉洁自律。做到遵纪守法、廉洁清正，“两袖清风，一身正气”；公私分明，不贪不占，“常在河边走，就是不湿鞋”。

（4）教育学生公正办事。就是依法办事，坚持准则，守住底线；实事求是，不偏不倚；如实反映，保持会计履行职责的独立性。

（5）教育学生品行端庄。就是保持良好的会计职业情操、会计职业态度、会计职业责任、会计职业作风和会计职业纪律。

三、抓会计执业能力训练是归宿

会计执业能力是指从事会计工作或会计业务活动所具备的素质、技巧和本领。它分为会计执业资格和会计执业技能两个方面。一个会计专业的学生，有了良好的职业素质和职业素养，最终要体现在会计执业能力上，因此，会计执业能力是会计职业素质和职业素养的归宿。

高等学校训练会计专业学生执业能力主要是开展会计执业技能的训练。会计执业技能按会计工作的内容分为：会计记账算账技能，包括会计簿记技能和会计核算技能两方面；会计报账用账技能，包括会计分析技能、会计查账技能、会计理财技能、会计决策技能等。会计执业技能的训练和会计岗位职责要求结合在一起能产生最佳的效果。

（一）进行会计岗位技能训练

1. 会计岗位的设置

财政部1996年6月颁布的《会计基础工作规范》第十一条规定，会计工作岗位一般可分为：会计机构负责人或者会计主管人员，出纳，财产物资核算，工资核算，成本费用核算，财务成果核算，资金核算，往来结算，总账报表，稽核，档案管理等。开展会计电算化和管理会计的单位，可以根据需要设置相应工作岗位，也可以与其他工作岗位相结合。根据财政部《会计基础工作规范》及有关制度规定，会计专业学生设置的会计岗位有：出纳岗位；存货岗位；固定资产岗位；职工薪酬岗位；融资岗位；纳税实务岗位；成本费用岗位；财务报表岗位；会计电算化岗位。

2. 会计岗位的训练

下面以龙城电机厂“出纳岗位”为例，说明岗位业务训练的操作过程。龙城电机厂出纳岗位训练分为库存现金出纳业务训练和银行存款出纳业务训练两大部分。

（1）库存现金出纳业务训练。给每位学生提供库存现金保险柜（象征性模拟保险柜）1个、“现金收讫”章1枚、“现金付讫”章1枚，要求学生自刻印章1枚；给每位学生提供龙城电机厂“财务专用章”1枚，法人（姓名）印章1枚；买好实训用真实记账凭证（包括收款凭证、付款凭证）每人一套；印好“库存现金日记账”每人1本。公开出版《会计岗位实务训练》教材每人购买1本。在教材第二章给定出借差旅费和报销差旅费业务；支付办公费、丧葬费、职工薪酬等业务；在教材最后一章提供与第二章库存现金经济业务相应的空白原始凭证1套。引导学生将经济业务填入空白原始凭证，其中，涉及签发现金支票的要盖龙城电机厂“财务专用章”和法人印章；裁下已填制好的原始凭证，据以编制记账凭证；在每张收款凭证上加盖自己的印章，还要盖上“现金收讫”章；在每张付款凭证上加盖自己的印章，还要盖上“现金付讫”章；将原始凭证和记账凭证装订成册：收款凭证和付款凭证混合按经济业务的时间顺序装订1本，并制作封面，编制号码，盖上自己的印章；根据已装订的收付款凭证登记库存现金日记账（三栏式格式），月终进行结账；月终将已结账的“库存现金日记账”余额和保险柜结存的库存现金核对相符，和总账会计设置的“库存现金”总账核对相符。实训老师收取学生已装订好的记账凭证、库存现金日记账，批改记分，确定库存现金出纳业务实训成绩。

（2）银行存款出纳业务训练。给每位学生提供龙城电机厂（会计主体）名称、开户银行名称、银行账号、行号、一般纳税人识别号、银行存款余额等资料。给每位学生提供龙城电机厂“发票专用章”1枚。买好实训用真实记账凭证（包括收款凭证、付款凭证）每人一套；印好“银行存款日记账”每人1本。公开出版《会计岗位实务训练》教材每人购买1本。在教材第二章给定五大类业

务：供产销经济业务；银行存贷款经济业务；投资者投入资本业务；职工薪酬及“三险一金”业务；支付水电费、运输费、广告费、借款利息等业务。在教材最后一章提供与第二章银行存款经济业务相应的空白原始凭证 1 套。引导学生将经济业务填入空白原始凭证，其中，涉及企业签发转账支票的要盖龙城电机厂“财务专用章”和法人印章，涉及销售业务的要盖“发票专用章”；裁下已填制好的原始凭证，据以编制记账凭证；根据记账凭证编制“科目汇总表”（科汇 1 号、科汇 2 号）；将原始凭证和记账凭证装订成册：收款凭证按经济业务的时间顺序装订 1 本，将编制的“科目汇总表”（科汇 1 号）置于首页；付款凭证按经济业务的时间顺序装订 1 本，将编制的“科目汇总表”（科汇 2 号）置于首页；制作银行收款凭证封面和银行付款凭证封面，编制号码，盖上自己的印章；根据已装订的收付款凭证登记银行存款日记账（三栏式格式），月终进行结账；根据科汇 1 号、科汇 2 号登记总账；月终将已结账的“银行存款日记账”余额和开户银行结存的银行存款余额核对相符，如果不符，要编制“银行存款余额调节表”调整相符；月终将已结账的“银行存款日记账”余额和总账会计设置的“银行存款”总账余额核对相符。实训老师收取学生已装订好的记账凭证、银行存款日记账、银行存款余额调节表，批改记分，确定银行存款出纳业务实训成绩。

3. 会计岗位知识、素质、素养、能力的结合

下面以出纳岗位训练为例，说明企业出纳岗位是如何将知识、素质、素养、能力进行有机的结合。

出纳岗位的知识点是：《现金管理暂行条例》的基本内容；出纳人员办理出纳业务、填制记账凭证、登记会计账簿、管理票据及印章的规则；出纳业务流程、处理程序及手续；出纳人员工作职责。

出纳人员素质要求是：有较高的政治思想素质；有与会计出纳工作相关的科学文化素质；有正确办理出纳业务的技术素质；有高尚的道德品质素质；有良好的身体心理素质。

出纳人员素养要求是：有选择出纳工作光荣的观念；有干好出纳工作的职业理想和信念；有乐于出纳的工作态度；有履行出纳工作的责任；能坚守出纳岗位的职业纪律；有做好出纳工作的职业技能（本领）；有从事出纳工作的职业兴趣和职业情感。一句话，有“爱出纳岗，敬出纳业”，把住“出纳报销关”，保证货币资金安全完整的职业守信。

出纳人员能力要求是：熟悉现金管理条例、货币资金结算、金融资产管理的方针政策；会利用“内部牵制”原则设置相关组织机构及规章制度；掌握货币资金业务处理的流程和必备的手续；准确无误地办理货币资金收付业务；会设置货币资金核算体系，包括货币资金总账、日记账的设置、货币资金结算体系的设置、货币资金票据和印章的应用与管理等；会设置货币资金管理体制，控制货币资金风险，提高货币资金的安全性、完整性和效益性；会测定最佳货币资金存量；会筹措货币资金，保证生产经营活动的正常需要；会进行货币资金绩效分析，提出改善货币资金管理的对策。

（二）进行会计实务综合训练

对会计专业学生进行会计实务的综合训练目的是培养学生综合运用所学会计专业的基本知识、基本理论和基本技能分析和解决实际问题并提升学生专业综合素质能力。

进行会计实务综合训练的知识目标是：公开出版《会计实务综合训练》教材1部，通过该教材设置企业生产经营过程（供产销等）相互连贯的典型经济业务，将各个会计岗位的核算业务进行综合，按业务发生顺序提供各种真实的原始空白凭证、账页和全套会计报表，让学生从填制原始凭证开始直至编制出全部会计报表的全过程模拟操作。

进行会计实务综合训练的素质目标是：在进行综合训练的各个环节明确会计核算人员应具备的思想水平、政治觉悟、道德品质、文化技术素质等。

进行会计实务综合训练的素养目标是：将爱岗敬业落实到“行当”上，即干一行，爱一行，专一行，成一行；将职业操守落实到“行动”上，即诚实守信，廉洁自律，秉公办事，提高绩效。将品行端庄落实到“实务”上，即在处理会计实务的过程中始终保持良好的会计职业情操、积极的工作态度、认真的会计责任、高尚的职业作风和严明会计职业纪律。

进行会计实务综合训练的能力目标是：让学生真正当一回会计人员，会手工记账、算账，直至计算机操作及其网络视频制作，提高学生的实务动手能力，为学生毕业后很快适应现场工作，打下坚实的基础，也为学生未来的工作能力提升、综合素质素养提高提供良好的基石。

第六章　会计实务分配表及汇总表的编制

第一节　编制的分配表

一、固定资产折旧计算表

固定资产折旧计算表的格式分别见表6－1、表6－2。

表6－1　　**固定资产折旧计算表（双倍余额递减法）**

——二车间机器设备

20　年（第5年）　月　　　　单位：元

年份	当年计提的折旧额	累计折旧额	折余价值
0			原值364 000
1			
2			
3			
4			
5			
6			
7			
8			
总计			—

注：表中当年折旧率＝__________________；

表中月折旧额＝第____年折旧额÷12＝________________。

（月折旧额精确到元）

表 6－2　　**固定资产折旧计算表（分类折旧率法）**

20　年　月　　　　单位：元

固定资产类别	月份类折旧率	一车间		二车间		机修车间		工具车间		管理部门		非生产部门		租出设备		未使用		折旧合计
		固定资产原值	折旧额	固定资产原值	折旧额	固定资产原值	折旧额	固定资产原值	折旧额	固定资产原值	折旧额	固定资产原值	折旧额	固定资产原值	折旧额	固定资产原值	折旧额	
房屋																		
机器设备																		
合计																		

注：二车间原值不包含加速折旧法的机器设备原值。

二、外购电力分配表

外购电力分配表的格式见表 6－3。

表 6－3　　**外购电力分配表**

20　年　月　　　　单位：元

应借科目			耗电度数	分配率（%）	分配金额
总账科目	明细科目	费用项目			
制造费用	一车间				
	二车间				
	机修车间				
	工具车间				
	合计				
管理费用	水电费				
合计					

业务部门主管　　　　审核　　　　制表

三、低值易耗品（工具）摊销表

低值易耗品（工具）摊销表的格式见表 6－4。

表 6－4　　**低值易耗品（工具）摊销表（五五摊销法）**

20　年　月　　　　单位：元

<table>
<tr><th colspan="3">应借科目</th><th rowspan="2">领用金额</th><th rowspan="2">分摊价差（月初差异率：　）</th><th rowspan="2">本期摊销（摊销率：50%）</th></tr>
<tr><th>总账科目</th><th>明细科目</th><th>费用项目</th></tr>
<tr><td rowspan="5">制造费用</td><td>一车间</td><td>低耗品摊销</td><td></td><td></td><td></td></tr>
<tr><td>二车间</td><td>低耗品摊销</td><td></td><td></td><td></td></tr>
<tr><td>机修车间</td><td>低耗品摊销</td><td></td><td></td><td></td></tr>
<tr><td>工具车间</td><td>低耗品摊销</td><td></td><td></td><td></td></tr>
<tr><td colspan="2">小计</td><td></td><td></td><td></td></tr>
<tr><td>管理费用</td><td colspan="2">低值易耗品摊销</td><td></td><td></td><td></td></tr>
<tr><td colspan="3">合计</td><td></td><td></td><td></td></tr>
</table>

业务部门主管　　　　审核　　　　制表

四、企业债券溢价摊销表和应付利息计算表

企业债券溢价摊销表和应付利息计算表的格式分别见表 6－5、表 6－6。

表 6－5　　**企业债券溢价摊销表（实际利率法）**

20　年（第二年）12 月 31 日计息用　　　　单位：元

计息日期	应付利息 ①＝面值×5.5%	溢价摊销 ②＝①－③	财务费用 ③＝期初⑤×实际利率	未摊溢价 ④＝期初④－②	摊余成本 ⑤＝期初⑤＋③－①
第 1 年 1 月 1 日				3 090	83 090
7 月 1 日	4 400	309	4 091	2 781	82 781
12 月 31 日	4 400	309	4 091	2 472	82 472
第 2 年 7 月 1 日	4 400	309	4 091	2 163	82 163
12 月 31 日					
第 3 年 7 月 1 日					
12 月 31 日					
第 4 年 7 月 1 日					
12 月 31 日					
第 5 年 7 月 1 日					
12 月 31 日					

注：第 2 年 7 月 1 日及以前采用直线法。

表 6－6　　企业债券应付利息计算表（实际利率法）

20　年（第 2 年）12 月 31 日计息用　　单位：元

年份	债券面值	年利率	当年计息	应付利息	摊余成本
1			33 800×12% =4 056	4 056	37 856
2	33 800	12%			

注：原第 1 年已采用直线法。

五、债券投资溢价摊销表

债券投资溢价摊销表的格式见表 6－7。

表 6－7　　（京能）债券投资溢价摊销表（实际利率法）

20　年（第 1 年）12 月 31 日计息用　　单位：元

债券计息日期	计息月数	应收利息 ①＝面值×计息月数×票面年率/12	投资收益 ②＝期初④×计息月数×实际利率/6	债权投资—利息调整③＝①－②	摊余成本 ④＝期初④＋②－①
第 0 年 10 月 1 日	（发行）				
12 月 11 日	（购入）				109 777
12 月 31 日	1				
第 1 年 3 月 31 日	3				
9 月 30 日	6				
12 月 31 日	3				
第 2 年 3 月 31 日	3				
9 月 30 日	6				
12 月 31 日	3				
第 3 年 3 月 31 日					
9 月 30 日					
12 月 31 日					
第 4 年 3 月 31 日					
9 月 30 日					
12 月 31 日					
第 5 年 3 月 31 日	3				
9 月 30 日	6				

注：各种计算精确到元。

六、低值易耗品和财产保险费摊销表

低值易耗品和财产保险费摊销表的格式分别见表6－8、表6－9。

表6－8　　低值易耗品（工作服）分配表（一次摊销法）

20　年　月　　单位：元

费用种类	应借科目			领用计划成本	分摊价差（月初差异率:%）
	总账科目	明细科目	费用项目		
低值易耗品——工作服	制造费用	一车间	劳动保护费		
		二车间	劳动保护费		
		机修车间	劳动保护费		
		工具车间	劳动保护费		
合计					

表6－9　　预付财产保险费摊销表

20　年　月　　单位：元

费用种类	应借科目			分配标准（保险财产额：万元）	分配率	分配金额（摊销额）
	总账科目	明细科目	费用项目			
预付财产保险费	制造费用	一车间	保险费	260		
		二车间	保险费	120		
		小计		380		
	管理费用	保险费		420		
合计				800		

七、制造费用分配表

制造费用分配表的格式分别见表6－10、表6－11。

表6－10　　制造费用分配表

20　年　月

车间：一车间　　单位：元

应借科目	生产工时	分配率	分配金额
合计			

表 6－11　　**制造费用分配表**

20　年　月

车间：二车间　　单位：元

应借科目	生产工时	分配率	分配金额
合计			

八、职工薪酬分配表和计提表

职工薪酬分配表和计提表的格式分别见表 6－12、表 6－13、表 6－14、表 6－15、表 6－16、表 6－17。

表 6－12　　**工资费用分配表**

20　年　月　　单位：元

应借科目		生产工时/h	工资			合计
总账科目	明细账		分配率	生产工人	管理人员	
基本生产	起动电机					
	#605 新产品					
	小计					
	#218 定单					
	#225 定单					
	#236 定单					
	小计					
	合计	—	—		—	
辅助生产	机修车间					
	工具车间					
制造费用	一车间					
	二车间					
	机修车间					
	工具车间					
管理费用	工资					
	劳动保险					
应付职工薪酬	职工福利					
合计						

表 6－13　　　　　　　　　**提取医疗保险费分配表**

20　年　月　　　　　　　　　　金额单位：元

应借科目		应付工资/元	生产工时/h	计提医疗保险费	
总账科目	明细账			分配率	计提金额
基本生产	起动电机				
	#605 新产品				
	小计				
	#218 定单				
	#225 定单				
	#236 定单				
	小计				
	合计				
辅助生产	机修车间				
	工具车间				
制造费用	一车间				
	二车间				
	机修车间				
	工具车间				
管理费用	厂部管理人员				
	长期病假人员				
应付职工薪酬	职工福利				
企业负担 10% 合计					

注：职工个人按工资总额2%计提医疗保险费710元（35 500×2%）见“工资结算汇总表”，企业应上交医疗保险费总额＝企业负担3 550＋职工个人负担710＝4 260（元）。

表 6 – 14　　　　　　　　　**提取养老保险费分配表**

20　年　月　　　　　　　　　　金额单位：元

应借科目		应付工资/元	生产工时/h	计提养老保险费	
总账科目	明细账			分配率	计提金额
基本生产	起动电机				
	#605 新产品				
	小计				
	#218 定单				
	#225 定单				
	#236 定单				
	小计				
	合计				
辅助生产	机修车间				
	工具车间				
制造费用	一车间				
	二车间				
	机修车间				
	工具车间				
管理费用	厂部管理人员				
	长期病假人员				
应付职工薪酬	职工福利				
企业负担 20% 合计					

注：职工个人按工资总额 8% 计提养老保险费 2 840 元（35 500 × 8%）见“工资结算汇总表”，企业应上交养老保险费总额 = 企业负担 7 100 + 职工个人负担 2 840 = 9 940（元）。

表 6－15　　提取失业保险费分配表

20　年　月　　金额单位：元

应借科目		应付工资/元	生产工时/h	计提失业保险费	
总账科目	明细账			分配率	计提金额
基本生产	起动电机				
	#605 新产品				
	小计				
	#218 定单				
	#225 定单				
	#236 定单				
	小计				
	合计				
辅助生产	机修车间				
	工具车间				
制造费用	一车间				
	二车间				
	机修车间				
	工具车间				
管理费用	厂部管理人员				
	长期病假人员				
应付职工薪酬	职工福利				
企业负担 2% 合计					

注：职工个人按工资总额 1% 计提失业保险费 355 元（35 500 × 1%）见“工资结算汇总表”，企业应上交失业保险费总额 = 企业负担 710 + 职工个人负担 355 = 1 065（元）。

表 6－16　　　　提取住房公积金分配表

20　年　月　　　　金额单位：元

应借科目		应付工资/元	生产工时/h	计提住房公积金	
总账科目	明细账			分配率	计提金额
基本生产	起动电机				
	#605 新产品				
	小计				
	#218 定单				
	#225 定单				
	#236 定单				
	小计				
	合计				
辅助生产	机修车间				
	工具车间				
制造费用	一车间				
	二车间				
	机修车间				
	工具车间				
管理费用	厂部管理人员				
	长期病假人员				
应付职工薪酬	职工福利				
企业负担 10% 合计					

注：职工个人按工资总额 10% 计提住房公积金 3 550 元（35 500 × 10%）见“工资结算汇总表”，企业应上交住房公积金总额 = 企业负担 3 550 + 职工个人负担 3 550 = 7 100（元）。

表 6－17　　提取工会经费及职工教育经费表

20　年　月　　金额单位：元

应借科目		应付工资/元	生产工时/h	计提工会经费（2%）		计提职教经费（1.5%）	
总账科目	明细账			分配率	计提金额	分配率	计提金额
基本生产	起动电机						
	#605 新产品						
	小计						
	#218 定单						
	#225 定单						
	#236 定单						
	小计						
	合计						
辅助生产	机修车间						
	工具车间						
制造费用	一车间						
	二车间						
	机修车间						
	工具车间						
管理费用	厂部管理人员						
	长期病假人员						
应付职工薪酬	职工福利						
合计							

第二节　编制的汇总表

一、收料凭证汇总表

收料凭证汇总表的格式见表 6－18。

表6－18　　**收料凭证汇总表**

20　年　月　　单位：元

材料来源	应贷科目	业务号	应借科目：原材料
本月外购	材料采购 1～10日 小计 11～20日 小计 21～31日 小计 采购合计		
本月暂估	应付账款		
本月收入材料总计			

二、发料凭证汇总表

发料凭证汇总表的格式见表6－19。

表 6－19　　　　**发料凭证汇总表**

20　年　月　　　　金额单位：元

应借科目			原材料计划成本				原材料成本（差异率：%）	包装物	
总账科目	二级或明细科目	成本或费用项目	上旬	中旬	下旬	合计		计划成本	成本差异（差异率：%）
基本生产	起动电动机	直接材料							
	#605 新产品	直接材料							
	#218 定单	直接材料							
	#225 定单	直接材料							
	#236 定单	直接材料							
辅助生产（工具车间）		直接材料							
制造费用	一车间	物料消耗							
		修理材料							
	二车间	物料消耗							
		修理材料							
	机修车间	物料消耗							
	工具车间	物料消耗							
		修理材料							
其他业务成本		材料销售							
销售费用		包装费							
管理费用		修理费							
		物料消耗							
合计									

三、产成品收入汇总表

产成品收入汇总表的格式见表 6－20。

表 6－20　　产成品收入汇总表

20　年　月　　金额单位：元

应贷科目	产品名称		单位	入库数量				单位成本	总成本
				1～10 日	11～20 日	21～30 日	合计		
基本生产	起动电动机	ST700	台						
		ST60							
		ST90							
		ST8							
	变速电动机	346V							
		380V							
合计									

四、辅助生产费用分配表

辅助生产费用分配表的格式见表 6－21。

表 6－21　　辅助生产费用分配表

车间：机修车间　　20　年　月　　金额单位：元

应借科目	修理工时/h	分配率	分配金额
合计			

五、税金及附加分配表

税金及附加分配表的格式见表 6－22。

表 6－22　　税金及附加分配表

20　年　月　　金额单位：元

产品或材料物资名称		本期销售收入	本期应交增值税（13%）	应交城建税			教育费附加		
				本期应交城建税（7%）	分配率（%）	分配金额/元	本期应交教育费附加（3%）	分配率（%）	分配金额
起动电机	ST700		—	—			—		
	ST60		—	—			—		
	ST90		—	—			—		
	ST8		—	—			—		
变速电机	346v		—	—			—		
	380v		—	—			—		
小计			—	—			—		
原材料			—	—			—		
包装物			—	—			—		
……			—	—			—		
小计			—	—			—		
合计									

审核　　制表

六、科目汇总表

科目汇总表的格式见表 6－23。

表 6－23　　　　　　　　　　**科目汇总表**　　　　　　　　　　单位：元

20　年　月　　　　　　　　　　科汇第　号

会计科目	账页	本期发生额		会计科目	账页	本期发生额		记账凭证起止号数
		借方	贷方			借方	贷方	
库存现金				应交税费				
银行存款				应付利息				
交易性金融资产				应付股利				
应收票据				其他应付款				
应收账款				长期借款				
预付账款				应付债券				
应收利息				专项应付款				
其他应收款				递延收益				
坏账准备				资本公积				
材料采购				盈余公积				
原材料				本年利润				
包装物				利润分配				
低值易耗品				基本生产				
材料成本差异				辅助生产				
委托加工物资				制造费用				
库存商品				主营业务收入				
存货跌价准备				其他业务收入				
债权投资				投资收益				
固定资产				资产处置损益				
累计折旧				营业外收入				
在建工程				主营业务成本				
工程物资				其他业务成本				
固定资产清理				税金及附加				
				信用减值损失				
无形资产				资产减值损失				
累计摊销				营业外支出				
长期待摊费用				销售费用				
递延所得税资产				管理费用				
待处理财产损溢				财务费用				
短期借款				所得税费用				
应付票据				以前年度损益调整				
应付账款				其他收益				
应付职工薪酬				合计				

第七章　会计实务原始凭证的填制

第一节　基本业务原始凭证

（1）

表7－1

暂估料款清单

年　月　日

材料账户	收料日期	收料单号码	供应单位名称	材料类别	材料名称	单位	数量	金额

审核　　　　　　　　　　　　　　　　制单

②下月冲回

（2）

表7－2

中国银行
转账支票存根
10403221
10753277
附加信息

出票日期　年　月　日
收款人：
金　额：
用　途：
单位主管　　会计

上海证券印制有限公司·2011年印制

中国银行转账支票　10403221　10753277

付款期限自出票之日起十天

出票日期（大写）　年　月　日　付款行名称：
收款人：　出票人账号：

人民币（大写）	亿	千	百	十	万	千	百	十	元	角	分

用途______　密码______
上列款项请从　行号______
我账户内支付
出票人签章　复核　记账

（2）

表 7－3

收料单

年　月　日

供货单位________　　　　　　　　　　　　　　　　凭证编号：________

发票号码________　　　　　　　　　　　　　　　　收料仓库：________

材料类别	材料编号	材料名称及规格	计量单位	应收数量	实收数量	计划单价	金额
备注：						合计	

三

财务

仓库管理员（签章）　　　　　　　　　　　　　　　收料人（签章）

（2）

表 7－4

3200214130　　江苏增值税专用发票　　№ 42844226

发票联

开票日期：

购买方	名　　称： 纳税人识别号： 地 址、电 话： 开户行及账号：			密码区			
货物或应税劳务、服务名称	规格型号	单位	数量	单价	金额	税率	税额
合　　计							
价税合计（大写）					（小写）		
销售方	名　　称： 纳税人识别号： 地 址、电 话： 开户行及账号：			备注			

收款人：　　　　复核：　　　　开票人：　　　　销售方：（章）

税总货劳函［2021］280号南京造币有限公司

第三联　发票联　购买方记账凭证

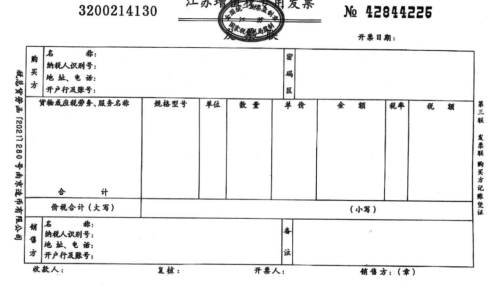

发票类型与填制

（3）

第　　号

表 7－5　邮　**中国银行托收承付结算凭证**（承付/支款 通知）　5

托收号码：

委托日期20　年　月　日

承付期限
到期20　年　月　日

收款单位	全　称			付款单位	全　称	
	账　号				账号或地址	
	开户银行		行号		开户银行	
托收金额	人民币：（大写）					千 百 十 万 千 百 十 元 角 分
附　件		商品发运情况				合同名称号码
附寄单证张数或册数						
备注：				付款单位注意： 1. 根据结算方式规定，上列托收款项，在承付期限内未拒付时，即视同全部承付。如系全额支付即以此联代支款通知；如遇延付或部分支付时，再由银行另送延付或部分支付的支款通知。 2. 如需提前承付或多承付时，应另写书面通知送银行办理。 3. 如系全部或部分拒付，应在承付期限内另填拒绝承付理由书送银行办理。		

单位主管　　会计　　复核　　记账　　付款单位开户行盖章　　月　日

此联是付款单位开户银行通知付款单位按期承付货款的承付（支款）通知

（3）

表 7－6

3200214130　　江苏增值税专用发票　　№ 42844226

（全国统一发票监制章　江苏　国家税务局监制）

发票联　　　　开票日期：

购买方	名　称： 纳税人识别号： 地址、电话： 开户行及账号：			密码区			
货物或应税劳务、服务名称	规格型号	单位	数量	单价	金额	税率	税额
合　计							
价税合计（大写）					（小写）		
销售方	名　称： 纳税人识别号： 地址、电话： 开户行及账号：			备注			

收款人：　　复核：　　开票人：　　销售方：（章）

第三联　发票联　购买方记账凭证

税总货劳函〔2021〕280号南京造币有限公司

（3）

表 7－7

收料单

年　月　日

供货单位________　　　　　　　　　　　　凭证编号：________

发票号码________　　　　　　　　　　　　收料仓库：________

材料类别	材料编号	材料名称及规格	计量单位	应收数量	实收数量	计划单价	金额
备注：						合计	

三
财务

仓库管理员（签章）　　　　　　　　　　收料人（签章）

（4）

表 7－8

客户贷记通知单（06953－DEP5090）

交易日期：　　　　　　　　　交易机构：06954　　　　　　　交易流水账：106840149

收款人名称：龙城电机厂

收款人账号：535358102340

收款人开户行：中国银行龙城支行

付款人名称：海淀市东升厂

付款人账号：527458206514　　　　　　　　　册号：　　　序号：

付款人开户行：中国银行东升支行

金额（小写）：CNY158 500.00　　　　　　　　结算汇率：

金额（大写）：人民币壹拾伍万捌仟伍佰元整

客户申请号：001762019973　　　　　业务种类：无折转客户账

用途：货款

银行摘要：OBSS001762019973GIR0001401100544

备注：

此联为客户回单　　　　　　　　银行盖章：

中国银行股份有限公司江海龙城支行
20××1203
业务专用章
（2）

（5）

表7－9 **收料单**

年 月 日

供货单位________ 凭证编号：________

发票号码________ 收料仓库：________

材料类别	材料编号	材料名称及规格	计量单位	应收数量	实收数量	计划单价	金额
备注：						合计	

仓库管理员（签章） 收料人（签章）

三 财务

（6）

表7－10 **中国银行结算业务申请书**

中国银行 BANK OF CHINA 结算业务申请书 苏 No 0081797

申请日期： 年 月 日

业务种类：行内汇款□ 境内同业汇款□ 银行汇票□ 银行本票□

<table>
<tr><td rowspan="5">申请人</td><td>名 称</td><td></td><td rowspan="3">收款人</td><td>名 称</td><td></td></tr>
<tr><td>账 号</td><td></td><td>账 号</td><td></td></tr>
<tr><td>联系电话</td><td></td><td>联系电话</td><td>（收款人未在我行开户的须填写）</td></tr>
<tr><td>身份证件类型</td><td></td><td colspan="2">汇入行名称</td><td></td></tr>
<tr><td>身份证件号</td><td></td><td colspan="2">汇入行地点</td><td>省 市（县）</td></tr>
<tr><td>金额</td><td colspan="3">人民币
（大写）</td><td colspan="2">亿 千 百 十 万 千 百 十 元 角 分</td></tr>
<tr><td colspan="3">扣账方式：转账□ 现金□ 其他□</td><td colspan="3">收费账号：</td></tr>
<tr><td>现金汇款请填写</td><td colspan="2">国籍： 职业：</td><td colspan="3">用途：</td></tr>
<tr><td colspan="3">支付密码：</td><td colspan="3" rowspan="2">附言：</td></tr>
<tr><td colspan="3">申请人签章：</td></tr>
<tr><td colspan="3"></td><td colspan="3">核准： 经办：</td></tr>
</table>

汇兑核算

第二联 客户回单联

（6）

表 7－11　　　　中国银行结算业务申请书

中国银行 BANK OF CHINA　结算业务申请书　苏　No　0081797

申请日期：　　年　　月　　日

业务种类：行内汇款□　　境内同业汇款□　　银行汇票□　　银行本票□

申请人	名称		收款人	名称	
	账号			账号	
	联系电话			联系电话	（收款人未在我行开户的须填写）
	身份证件类型		汇入行名称		
	身份证件号		汇入行地点		省　市（县）
金额	人民币（大写）		亿 千 百 十 万 千 百 十 元 角 分		
扣账方式：转账□　现金□　其他□			收费账号：		
现金汇款请填写	国籍：　职业：		用途：		
支付密码：			附言：		
申请人签章：			核准：　经办：		

第二联　客户回单联

（7）

表 7－12　　　　股票交易费用清单

收费项目	收费方	上海证券交易所		股票交易费用	备注
		上海 A 股	上海 B 股		
印花税	税务局	0.10%			上海 A 股成交 76 800 股，成交额 78 708 元
过户费	交易所	0.3%			
经手费	交易所	0.00696%			
监管费	证监会	0.002%			
佣金	证券公司	0.30%			
股票交易费用合计					
上海证券交易所（盖章）				经办人（签章）： 年　月　日	

表 7－13 **转让股票应交增值税计算表**

转让股票名称	上海 A 股	原购价	
转让股票数量		购销差额含税	
转让股票金额		购销差额不含税	
转让金融产品应交增值税率			
转让金融产品应交增值税			

（8）

表 7－14 **提货单**

购买单位________ 20 年 月 日 运输方式 ________

收货地址________ 编 号________

产品名称	产品编号	规格	计量单位	数量	单价	金额	备注
合计							

一仓库

收入核算

销售部门主管（签章） 发货人（签章） 提货人（签章） 制单人（签章）

（8）

表 7－15 **进账单** 回单或（收账通知） 1

年 月 日 第 号

付款人	全 称		付款人	全 称	
	账 号			账 号	
	开户银行			开户银行	

人民币（大写）		千	百	十	万	千	百	十	元	角	分

付款单位名称或账号	种类	票据号码	百	十	万	千	百	十	元	角	分	
												收款人开户行盖章

此联是收款人开户行交给收款人的回单或收账通知

单位主管 会计 复核 记账

（8）

表 7－16

3200214130　　**江苏增值税专用发票**　　№ 42844226

此联不作报销、扣税凭证使用　　　　开票日期：

税总货券函［2021］280 号南京造币有限公司

购买方	名　　称： 纳税人识别号： 地 址、电 话： 开户行及账号：				密码区			
货物或应税劳务、服务名称		规格型号	单位	数 量	单 价	金　额	税率	税　额
合　计								
价税合计（大写）					（小写）			
销售方	名　　称： 纳税人识别号： 地 址、电 话： 开户行及账号：				备注			

收款人：　　复核：　　开票人：　　销售方：（章）

第一联：记账联　销售方记账凭证

（9）

表 7－17

委邮

委托收款凭证（回　单）　　1　　第　　号

委托日期：　　年　　月　　日　　委托号码：

付款人	全　称		收款人	全　称												
	账号或地址			账　号												
	开户银行			开户银行		行号										
托收金额	人民币：（大写）						千	百	十	万	千	百	十	元	角	分
款项内容		委托收款凭据名称		附寄单证张数												
备注：		款项收妥日期　年　月　日		收款人开户银行盖章　月　日												

单位主管　　会计　　复核　　记账

（94）94×17.5公分人A12

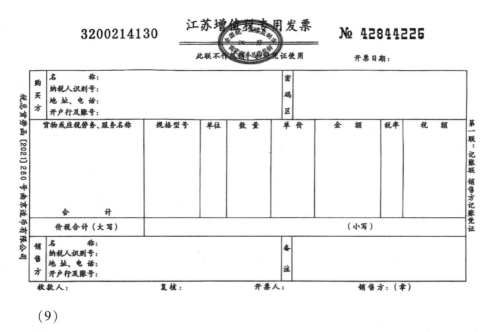

此联是收款人开户银行给收款人的回单

（9）

表 7－18

3200214130　　**江苏增值税专用发票**　　№ 42844226

此联不作报销、扣税凭证使用　　　　开票日期：

税总货劳函〔2021〕280号南京造币有限公司

<table>
<tr><td>购买方</td><td colspan="4">名　　称：
纳税人识别号：
地 址、电 话：
开户行及账号：</td><td>密码区</td><td colspan="4"></td></tr>
<tr><td colspan="2">货物或应税劳务、服务名称</td><td>规格型号</td><td>单位</td><td>数 量</td><td>单 价</td><td>金　额</td><td>税率</td><td>税　额</td></tr>
<tr><td colspan="2"></td><td></td><td></td><td></td><td></td><td></td><td></td><td></td></tr>
<tr><td colspan="2">合　　计</td><td></td><td></td><td></td><td></td><td></td><td></td><td></td></tr>
<tr><td colspan="2">价税合计（大写）</td><td colspan="7">（小写）</td></tr>
<tr><td>销售方</td><td colspan="4">名　　称：
纳税人识别号：
地 址、电 话：
开户行及账号：</td><td>备注</td><td colspan="3"></td></tr>
</table>

收款人：　　　复核：　　　开票人：　　　销售方：（章）

第一联：记账联　销售方记账凭证

（9）

表 7－19　　　　**提货单**

购买单位________　　　20　年　月　日　　　运输方式________

收货地址________　　　　　　　　　　　　编　　号________

产品名称	产品编号	规格	计量单位	数量	单价	金额	备注
合计							

一仓库

销售部门主管（签章）　　发货人（签章）　　提货人（签章）　　制单人（签章）

（10）

表 7－20　　　　**借款单**

20　年　月　日

借款人		所属单位		借款事由	
借款金额	人民币（大写）		¥__________		
注意事项				审批人意见	

②报销联

财务主管　　　　单位主管　　　　借款人

（10）

表 7－21

龙城电机厂差旅费报销单

年 月 日

<table>
<tr><td colspan="3">姓名</td><td colspan="3"></td><td colspan="2">工作单位</td><td colspan="2"></td><td colspan="2">职务或
职称</td><td colspan="2"></td><td>出差事由
及地点</td><td></td></tr>
<tr><td colspan="8">旅程</td><td colspan="2">交通工具</td><td colspan="2">途中补助</td><td colspan="2">伙食交通补助</td><td colspan="2">其他费用</td></tr>
<tr><td colspan="3">何时起</td><td colspan="3">何时止</td><td colspan="2">起止地点</td><td rowspan="2">名称</td><td rowspan="2">金额</td><td rowspan="2">天数</td><td rowspan="2">金额</td><td rowspan="2">天数</td><td rowspan="2">金额</td><td rowspan="2">项目</td><td rowspan="2">金额</td></tr>
<tr><td>月</td><td>日</td><td>时</td><td>月</td><td>日</td><td>时</td><td>起</td><td>止</td></tr>
<tr><td></td><td></td><td></td><td></td><td></td><td></td><td></td><td></td><td></td><td></td><td></td><td></td><td></td><td></td><td>住宿费
（减自负）</td><td></td></tr>
<tr><td></td><td></td><td></td><td></td><td></td><td></td><td></td><td></td><td></td><td></td><td></td><td></td><td></td><td></td><td>会务费</td><td></td></tr>
<tr><td></td><td></td><td></td><td></td><td></td><td></td><td></td><td></td><td></td><td></td><td></td><td></td><td></td><td></td><td>短程汽车</td><td></td></tr>
<tr><td></td><td></td><td></td><td></td><td></td><td></td><td></td><td></td><td></td><td></td><td></td><td></td><td></td><td></td><td>其他计费</td><td></td></tr>
<tr><td colspan="8">小计</td><td></td><td></td><td></td><td></td><td></td><td></td><td>小计</td><td></td></tr>
<tr><td colspan="5">票面金额合计（大写）</td><td colspan="8"></td><td colspan="2">补助合计</td><td></td></tr>
<tr><td colspan="4">总计：（大写）</td><td colspan="11"></td><td>¥</td></tr>
<tr><td colspan="3">网银收款人</td><td colspan="2"></td><td colspan="2">收款人账号</td><td colspan="3"></td><td colspan="3">收款人开户行</td><td colspan="3"></td></tr>
<tr><td colspan="10">备注：</td><td colspan="4">财务工资号/学号</td><td colspan="2"></td></tr>
</table>

财务主管： 主管单位： 报销人：

差旅费报销

（10）

表 7－22

龙城电机厂收款收据

NO：

20 年 月 日

附件 张

付款单位		付款人	
付款项目		内容说明	
金额（大写）	¥________		

②入账

会计主管 审核 收款人

（11）

表 7－23 **中国银行电划贷方补充报单第三联 报单号码：**

发报行名： 收报 年 月 日 凭证提交号：

发报行行号		汇出行行号		收报行行号		汇入行行号或行名	
付款人	账号			收款人	账号或地址		
付款人	名称			收款人	名称		
金额（大写）						金额	
事由						应解汇款编号	
上列款项已代进账，如有错误，请持此联来行面洽。 此致 （开户单位）	（银行盖章） 年 月 日		上列款项已照收无误。 证件名称 证件号码 （收款人盖章） 年 月 日		科目（贷） 对方科目（借） 解汇日期 年 月 日 复核 记账 出纳		

此联送收款人代收账通知或取款收据

电脑打印 手工无效

（12）

表 7－24 **电子缴款凭证**

打印日期：20××年 12 月 08 日

纳税人识别号	320303100210636		税务征收机关	国家税务局江海市第四税务分局	
纳税人全称	江海市龙城电机厂		银行账号	535358102340	
系统税票号	税（费）种	预算科目	实缴金额	所属时期	缴款日期
132036140404590721	增值税	国有企业增值税		20××－11－01 至 20××－11－30	20××－12－08
金额合计			¥		
江苏省国家税务局 电子缴款专用章			本缴款凭证仅作为纳税人记账核算凭证使用，电子缴税的，需与银行对账单电子划缴记录核对一致方有效。纳税人如需正式完税证明，请凭税务登记证或身份证明到办税服务厅开具。		

计税缴税视频

（12）

表 7－25　　　　　　　　**电子缴款凭证**

打印日期：20××年 12 月 08 日

纳税人识别号	320303100210636		税务征收机关	国家税务局江海市第四税务分局	
纳税人全称	江海市龙城电机厂		银行账号	535358102340	
系统税票号	税（费）种	预算科目	实缴金额	所属时期	缴款日期
132036140404590721	城建税			20××－11－01 至 20××－11－30	20××－12－08
	教育费附加				
金额合计			¥		
江苏省国家税务局 电子缴款专用章			本缴款凭证仅作为纳税人记账核算凭证使用，电子缴税的，需与银行对账单电子划缴记录核对一致方有效。纳税人如需正式完税证明，请凭税务登记证或身份证明到办税服务厅开具。		

（12）

表 7－26

中国银行 BANK OF CHINA　　**国内支付业务付款回单**

客户号：150141765　　　　日期：20××年12月08日

付款人账号：535358102340　　　　**收款人账号：**

付款人名称：江海市龙城电机厂　　　　**收款人名称：**国家金库江海市江海区支库

付款人开户行：中国银行龙城支行　　　　**收款人开户行：**

金额：CNY14 300.00

人民币壹万肆仟叁佰元整

业务种类：实时缴税　　业务编号：50056928　　凭证字号：20××120847476641

纳税人识别号：320303100210636　　缴款书交易流水号：47476641　　税票号码：432066221200326998

纳税人全称：江海市龙城电机厂

征收机关名称：江海市税务局第四税务分局

收款国库（银行）名称：国家金库江海市支库

税（费）种名称	所属日期	实缴金额
增值税	20××/11/01-20××/11/30	CNY13 000.00
城建税	20××/11/01-20××/11/30	CNY910.00
教育费附加	20××/11/01-20××/11/30	CNY390.00

中国银行股份有限公司 电子回单专用章

如您已通过银行网点取得相应纸质回单，请注意核对，勿重复记账！

交易机构：07253　　交易渠道：其他　　交易流水号：133728835-260　　经办：

回单编号：20××1208225545　　回单验证码：242Q5H6M8839　　打印时间：　　打印次数：　　次

（13）

表 7－27　　　　　　　　　　**电子缴款凭证**

打印日期：20××年 12 月 08 日

纳税人识别号	320303100210636		税务征收机关	国家税务局江海市第四税务分局	
纳税人全称	江海市龙城电机厂		银行账号	535358102340	
系统税票号	税（费）种	预算科目	实缴金额	所属时期	缴款日期
132036160132324819	企业所得税	国有企业所得税		20××－11－01 至 20××－11－30	20××－12－08
金额合计			¥		
江苏省国家税务局 电子缴款专用章			本缴款凭证仅作为纳税人记账核算凭证使用，电子缴税的，需与银行对账单电子划缴记录核对一致方有效。纳税人如需正式完税证明，请凭税务登记证或身份证明到办税服务厅开具。		

（13）

表 7－28

中国银行 BANK OF CHINA

国内支付业务付款回单

客户号：150141765　　　　日期：20××年12月08日

付款人账号：535358102340　　　　**收款人账号：**

付款人名称：江海市龙城电机厂　　　　**收款人名称：**国家金库江海市江海区支库

付款人开户行：中国银行龙城支行　　　　**收款人开户行：**

金额：CNY35 920.00

人民币叁万伍仟玖佰贰拾元整

业务种类：实时缴税　　业务编号：50056929　　凭证字号：20××120847476642

纳税人识别号：320303100210636　　缴款书交易流水号：47476642　　税票号码：432066221200326999

纳税人全称：江海市龙城电机厂

征收机关名称：江海市税务局第四税务分局

收款国库（银行）名称：国家金库江海市支库

税（费）种名称	所属日期	实缴金额
企业所得税	20××/11/01-20××/11/30	CNY35 920.00

中国银行股份有限公司 电子回单专用章

如您已通过银行网点取得相应纸质回单，请注意核对，勿重复记账！

交易机构：07253　　交易渠道：其他　　交易流水号：133728835-261　　经办：

回单编号：20××1208225545　　回单验证码：242Q5H6M8839　　打印时间：　　打印次数：　　次

（14）

表 7 – 29 **委托加工材料出库单** 凭证编号：

委托加工单位 20 年 月 日 发料仓库：

合同编号	加工后材料名称及规格	单位	数量	交货日期	
材料编号	材料名称及规格	单位	数量	计划单价（元）	金额

②财务

发料（签章） 制证（签章）

委托加工物资核算

（14）

表 7 – 30 **材料价差分摊计算表**

20 年 月 日

材料类别	名称及规格	发料计划成本	（ ）月价差率	分摊差异额
			合 计	

审核 制证

（15）

表 7 – 31 **中国银行 网上银行电子回单**

电子回单号码：000014497856

<table>
<tr><td rowspan="3">付款人</td><td>户 名</td><td colspan="2">江海市财政局</td><td rowspan="3">收款人</td><td>户 名</td><td colspan="2">龙城电机厂</td></tr>
<tr><td>账 号</td><td colspan="2">400002721920075684</td><td>账 号</td><td colspan="2">535358102340</td></tr>
<tr><td>开户银行</td><td colspan="2">中行江海市分行高园支行</td><td>开户银行</td><td colspan="2">江海市中国银行龙城支行</td></tr>
<tr><td colspan="2">金 额</td><td colspan="6">人民币（大写） 万 仟 佰 拾 元 角 分 CNY 元</td></tr>
<tr><td colspan="2">附 言</td><td colspan="3">20××年新产品试制拨款</td><td colspan="2">业务种类</td><td>汇兑</td></tr>
<tr><td colspan="2">交易流水号</td><td colspan="3">41744569</td><td colspan="2">时间戳</td><td>20××－12－08</td></tr>
<tr><td colspan="2" rowspan="2">中国银行股份有限公司江海龙城支行 20××1208 电子回单专用章 （2）</td><td colspan="6">备注：××新产品试制专款</td></tr>
<tr><td colspan="6">验证码：MoLifE4I5AIJjSFaMLunAEj7s7g =</td></tr>
<tr><td colspan="2">记账网点</td><td>260</td><td>记账柜员</td><td>12</td><td colspan="2">记账日期</td><td>20××－12－08</td></tr>
</table>

（16）

表 7－32

收料单

年 月 日

供货单位________　　　　　　　　　　凭证编号：________

发票号码________　　　　　　　　　　收料仓库：________

材料类别	材料编号	材料名称及规格	计量单位	应收数量	实收数量	计划单价	金额
备注：						合计	

三 财务

仓库管理员（签章）　　　　　　　　收料人（签章）

（16）

表 7－33

3200214130　　**江苏增值税专用发票**　　№ 42844226

发票联

开票日期：

购买方	名　称： 纳税人识别号： 地 址、电 话： 开户行及账号：	密码区	

货物或应税劳务、服务名称	规格型号	单位	数 量	单 价	金 额	税率	税 额
合　计							
价税合计（大写）				（小写）			

销售方	名　称： 纳税人识别号： 地 址、电 话： 开户行及账号：	备注	

收款人：　　　　复核：　　　　开票人：　　　　销售方：（章）

税总货劳函〔2021〕280号南京造币有限公司

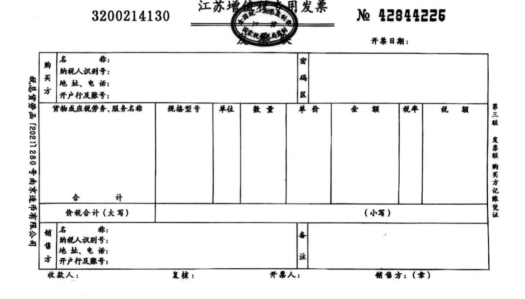

第三联 发票联 购买方记账凭证

（17）

表 7－34

委邮

委托收款凭证（收账通知） 4

委托日期：　年　月　日

第　号

委托号码：

付款期限　年　月　日

付款人	全称		收款人	全称		
	账号或地址			账号		
	开户银行			开户银行		行号
委收金额	人民币：（大写）					千 百 十 万 千 百 十 元 角 分
款项内容		委托收款凭据名称		附寄单证张数		
备注：			上列款项： 1. 已全部划回收入你方账户。 2. 已收回部分款项收入你方账户。 3. 全部未收到。　收款人开户银行盖章 年　月　日			

单位主管　会计　复核　记账　付款人开户银行收到日期　年　月　日

支付日期　年　月　日

此联收款人开户银行在款项收妥后给收款人的收账通知

（18）

表 7－35

固定资产出售单

固定资产类别________　20　年　月　日　编　号

结算方式____________　保管地点

购买单位	名称					出售单位（盖章）
	账号					
	开户银行					
固定资产名称		规格及型号	原值	已提折旧	净值	出售价格
合计金额（人民币大写）				¥________		

财务主管　核算员　仓库　设备主管　设备保管　制单

②清理联

（18）

表 7－36

进账单 回单或（收账通知） 1

年　　月　　日　　　　　　　　第　　号

付款人	全　称		收款人	全　称	
	账　号			账　号	
	开户银行			开户银行	

人民币（大写）		千	百	十	万	千	百	十	元	角	分

付款单位名称或账号	种类	票据号码	百	十	万	千	百	十	元	角	分	
												收款人开户行盖章

此联是收款人开户行交给收款人的回单或收账通知

单位主管　　　　会计　　　　复核　　　　记账

（18）

表 7－37

3200214130　　**江苏增值税专用发票**　　№ 42844226

此联不作报销、扣税凭证使用　　　　开票日期：

购买方	名　　称： 纳税人识别号： 地 址、电 话： 开户行及账号：			密码区			
货物或应税劳务、服务名称	规格型号	单位	数量	单价	金额	税率	税额
合　计							
价税合计（大写）					（小写）		
销售方	名　　称： 纳税人识别号： 地 址、电 话： 开户行及账号：			备注			

收款人：　　　　复核：　　　　开票人：　　　　销售方：（章）

税总货劳函〔2021〕280号南京造币有限公司

第一联：记账联　销售方记账凭证

（18）

表 7－38 **固定资产出售单**

固定资产类别________ 20 年 月 编 号

结算方式________ 保管地点

购买单位	名称					出售单位（盖章）
	账号					
	开户银行					
固定资产名称		规格及型号	原值	已提折旧	净值	出售价格
合计金额（人民币大写）			¥________			

财务主管 核算员 仓库 设备主管 设备保管 制单

③收款联

（19）

表 7－39 **工程物资出库单** 凭证编号

物资领用单位________ 20 年 月 日 发出仓库

物资编号	物资名称	规格及型号	计量单位	请领数量	实发数量	单价	金额
用途						合计	

仓库管理员 发物人 领物单位主管 领物人

②财务

（20）

表 7－40 **产成品交库单**

交库单位________ 20 年 月 日 编号

产品编号	产品名称	规格	单位	送检数量	检验合格	不合格	实收数量

检验员 仓库保管员 车间负责人 制单

②仓库

（20）

表 7－41　　产成品交库单

交库单位________　　20　年　月　日　　编号

产品编号	产品名称	规格	单位	送检数量	检验合格	不合格	实收数量

③财务

检验员　　仓库保管员　　车间负责人　　制单

（20）

表 7－42　　产成品交库单

交库单位________　　20　年　月　日　　编号

产品编号	产品名称	规格	单位	送检数量	检验合格	不合格	实收数量

②仓库

检验员　　仓库保管员　　车间负责人　　制单

（20）

表 7－43　　产成品交库单

交库单位________　　20　年　月　日　　编号

产品编号	产品名称	规格	单位	送检数量	检验合格	不合格	实收数量

③财务

检验员　　仓库保管员　　车间负责人　　制单

（21）

表 7－44

商业承兑汇票（卡片）凭证（回　单）

委托日期：20　年　月　日第　　号　①　委托号码：0026627

收款人	全　称				付款人	全　称										
	账　号					账　号										
	开户银行		行号			开户银行		行号								
汇票金额	人民币（大写）						千	百	十	万	千	百	十	元	角	分
汇票到期□	年　年　日				交易合同号码											
本汇票请你单位承兑，并及时将承兑汇票寄我单位。此致 承兑人 汇款签发人差章 负责________经办________																
寄注：																

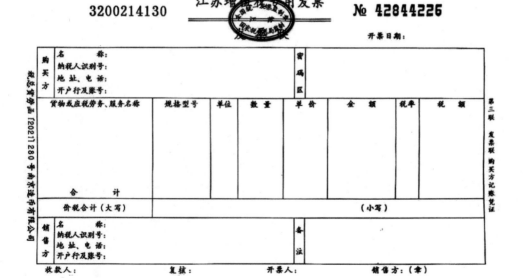

此联承兑人留存

（21）

表 7－45

3200214130　江苏增值税专用发票　№ 42844226

发票联

开票日期：

购买方	名　　称： 纳税人识别号： 地 址、电 话： 开户行及账号：				密码区				
货物或应税劳务、服务名称		规格型号	单位	数 量	单 价	金　额	税率	税　额	
合　计									
价税合计（大写）						（小写）			
销售方	名　　称： 纳税人识别号： 地 址、电 话： 开户行及账号：				备注				

收款人：　复核：　开票人：　销售方：（章）

税总货劵函［2021］280号南京造币有限公司

第三联　发票联　购买方记账凭证

（22）

表 7 - 46 **中国银行借款凭证**

<table>
<tr><td>借款单位</td><td></td><td>贷款账号</td><td></td><td colspan="4">存款账号</td><td colspan="6"></td></tr>
<tr><td rowspan="2">借款金额
（大写）</td><td rowspan="2" colspan="3"></td><td>千</td><td>百</td><td>十</td><td>万</td><td>千</td><td>百</td><td>十</td><td>元</td><td>角</td><td>分</td></tr>
<tr><td></td><td></td><td></td><td></td><td></td><td></td><td></td><td></td><td></td><td></td></tr>
<tr><td>用途</td><td colspan="13"></td></tr>
<tr><td colspan="4" rowspan="4">兹借到上列贷款，到期时请凭此证收回</td><td colspan="6">约定还款日期</td><td colspan="4">年　月　日</td></tr>
<tr><td colspan="10">分次还款记录</td></tr>
<tr><td colspan="2">日期</td><td colspan="2" rowspan="2">偿还本金</td><td colspan="2" rowspan="2">利息</td><td colspan="2" rowspan="2">结欠本金</td><td colspan="2" rowspan="2">复核员</td></tr>
<tr><td>月</td><td>日</td></tr>
<tr><td rowspan="2">借款单位
盖　　章</td><td rowspan="2"></td><td rowspan="2">负责人
签章</td><td rowspan="2"></td><td></td><td></td><td></td><td></td><td></td><td></td><td></td><td></td><td></td><td></td></tr>
<tr><td></td><td></td><td></td><td></td><td></td><td></td><td></td><td></td><td></td><td></td></tr>
<tr><td rowspan="3">行长
（主任）</td><td colspan="2" rowspan="3">信贷科（股）长</td><td rowspan="3">信贷员</td><td></td><td></td><td></td><td></td><td></td><td></td><td></td><td></td><td></td><td></td></tr>
<tr><td></td><td></td><td></td><td></td><td></td><td></td><td></td><td></td><td></td><td></td></tr>
<tr><td></td><td></td><td></td><td></td><td></td><td></td><td></td><td></td><td></td><td></td></tr>
</table>

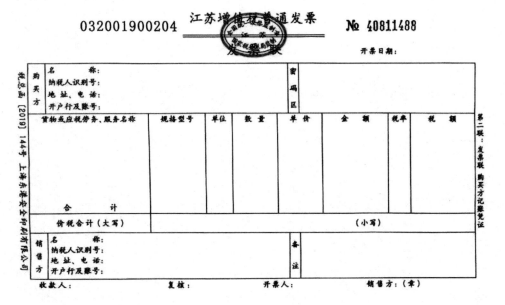

第一联借据

（23）

表 7 - 47

032001900204 江苏增值税普通发票 № 40811488

发票联

开票日期：

<table>
<tr><td>购买方</td><td colspan="4">名　　称：
纳税人识别号：
地 址、电 话：
开户行及账号：</td><td>密码区</td><td colspan="4"></td></tr>
<tr><td colspan="2">货物或应税劳务、服务名称</td><td>规格型号</td><td>单位</td><td>数 量</td><td>单 价</td><td>金　额</td><td>税率</td><td>税　额</td></tr>
<tr><td colspan="2">

合　　计</td><td></td><td></td><td></td><td></td><td></td><td></td><td></td></tr>
<tr><td colspan="2">价税合计（大写）</td><td colspan="7">（小写）</td></tr>
<tr><td>销售方</td><td colspan="4">名　　称：
纳税人识别号：
地 址、电 话：
开户行及账号：</td><td>备注</td><td colspan="3"></td></tr>
</table>

收款人：　　复核：　　开票人：　　销售方：（章）

税总函〔2019〕144号 上海东港安全印刷有限公司

第二联：发票联 购买方记账凭证

（23）

表 7－48

中国银行
转账支票存根
10403221
10753277

上海证券印制有限公司·2011年印制

附加信息

出票日期　　　　年　月　日

收款人：
金　额：
用　途：

单位主管　　　　会计

（24）

表 7－49

中国银行
转账支票存根
10403221
10753277

上海证券印制有限公司·2011年印制

附加信息

出票日期　　　　年　月　日

收款人：
金　额：
用　途：

单位主管　　　　会计

（24）

表 7－50

江海市证券交易所

（买方）债券交易交割单

年　月　日		成交过户交割凭单	买
债券名称	京能债券	债券票面值（元）	100 000
债券期限	5 年	债券票面利率	10%
付息日	每年 9 月 30 日	付息日	每年 3 月 31 日
债券发行日期	20 × ×年 10 月 1 日	债券成交价格	
债券成交日期	20 × ×年 10 月 11 日	债券交易费用	
债券发行公司	京能公司	购买债券单位	
交易所（盖章） 经办人		买方经办人（签字）	

（25）

表 7－51

中国银行 BANK OF CHINA　结算业务申请书　苏　No　0081797

申请日期：　　年　　月　　日

业务种类：行内汇款□　　境内同业汇款□　　银行汇票□　　银行本票□

申请人	名　称		收款人	名　称	
	账　号			账　号	
	联系电话			联系电话	（收款人未在我行开户的须填写）
	身份证件类型		汇入行名称		
	身份证件号		汇入行地点		省　　市（县）

金额	人民币（大写）	亿	千	百	十	万	千	百	十	元	角	分

扣账方式：转账□　现金□　其他□		收费账号：
现金汇款请填写	国籍：　　职业：	用途：
支付密码：		附言：
申请人签章：		核准：　　经办：

第二联　客户回单联

（26）

表 7－52

中国人民建设银行结息通知

20　年　月　日

付息单位名称：　　　　账号：

计息起讫日期：　　　　年　月　日至　　年　月　日

利息分类	计息总积数	利率	利息金额

银行盖章

（27）

表 7－53　　**领料单分类凭证汇总表**

20　年　月　日至　月　日　　　　发料汇字第　号

材料类别 耗用单位					
		数量（　）	金额（　）	数量（　）	金额（　）
一车间——电机					
二车间	#218 定单				
	#225 定单				
	#236 定单				
合计					

审核：　　　　　　汇总人：

（28）

表 7－54　　**厂房大修工程结算单**

建设单位：　　　　年　月　日

应收工程款项	金额	应扣款项	金额
1. 工程结算价款 2. 3.	12 000	1. 预收工程款 2. 甲方供料款 3.	5 000
合计	12 000	合计	5 000
乙方欠甲方工程款		甲方欠乙方工程款	7 000
建设单位（甲方）签章 经办人：		施工单位（乙方）签章 经办人：	

（28）

表 7－55

032001900204　　江苏增值税普通发票　　№ 40811488

发票联

开票日期：

购买方	名　　称： 纳税人识别号： 地 址、电 话： 开户行及账号：				密码区			
货物或应税劳务、服务名称	规格型号	单位	数 量	单 价	金　额	税率	税　额	
合　　计								
价税合计（大写）					（小写）			
销售方	名　　称： 纳税人识别号： 地 址、电 话： 开户行及账号：				备注			

收款人：　　复核：　　开票人：　　销售方：（章）

税总函〔2019〕144号 上海东港安全印制有限公司

第二联：发票联 购买方记账凭证

（28）

表 7－56

上海证券印制有限公司・2011年印制

中国银行

转账支票存根

10403221

10753277

附加信息

出票日期　　年　月　日

收款人：
金　额：
用　途：

单位主管　　会计

（29）

表 7－57

上海证券印制有限公司・2011年印制

中国银行

转账支票存根

10403221

10753277

附加信息

出票日期　　年　月　日

收款人：
金　额：
用　途：

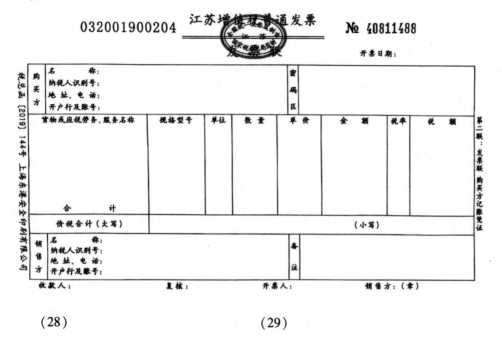

单位主管　　会计

（29）

表 7－58

3200214130　　**江苏增值税专用发票**　　№ 42844226

发票联

开票日期：

购买方	名　　称： 纳税人识别号： 地 址、电 话： 开户行及账号：			密码区			
货物或应税劳务、服务名称	规格型号	单位	数 量	单 价	金　额	税率	税　额
合　　计							
价税合计（大写）				（小写）			
销售方	名　　称： 纳税人识别号： 地 址、电 话： 开户行及账号：			备注			

收款人：　　复核：　　开票人：　　销售方：（章）

税总货劳函〔2021〕280号南京造币有限公司

第三联　发票联　购买方记账凭证

（29）

表 7－59

收料单

年　月　日

供货单位________　　凭证编号：________

发票号码________　　收料仓库：________

材料类别	材料编号	材料名称及规格	计量单位	应收数量	实收数量	计划单价	金额
备注：						合计	

仓库管理员（签章）　　收料人（签章）

三　财务

（30）

表 7－60

中国银行

转账支票存根

10403221

10753277

附加信息

出票日期　　　　年　月　日

收款人：
金　额：
用　途：

单位主管　　　　会计

上海证券印制有限公司·2011年印制

（31）

表 7－61

中国银行

转账支票存根

10403221

10753277

附加信息

出票日期　　　　年　月　日

收款人：
金　额：
用　途：

单位主管　　　　会计

上海证券印制有限公司·2011年印制

（30）

表 7－62　　　　**（市科技开发公司）增值税普通发票**

032001900204　　江苏增值税普通发票　　№ 40811488

发票联

开票日期：

购买方	名　　称： 纳税人识别号： 地 址、电 话： 开户行及账号：					密码区		
货物或应税劳务、服务名称	规格型号	单位	数　量	单　价	金　额	税率	税　额	
合　　计								
价税合计（大写）				（小写）				
销售方	名　　称： 纳税人识别号： 地 址、电 话： 开户行及账号：					备注		

收款人：　　　　复核：　　　　开票人：　　　　销售方：（章）

税总函［2019］144号 上海东港安全印刷有限公司

第二联：发票联 购买方记账凭证

（31）

表 7－63

3200214130　　江苏增值税专用发票　　№ 42844226

发票联

开票日期：

税总货劳函「2021」280号南京造币有限公司

购买方	名　　称： 纳税人识别号： 地 址、电 话： 开户行及账号：				密码区		
货物或应税劳务、服务名称	规格型号	单位	数 量	单 价	金　额	税率	税　额
合　　计							
价税合计（大写）				（小写）			
销售方	名　　称： 纳税人识别号： 地 址、电 话： 开户行及账号：				备注		

收款人：　　复核：　　开票人：　　销售方：（章）

第三联　发票联　购买方记账凭证

（32）

表 7－64

上海证券印制有限公司·2011年印制

中国银行

转账支票存根

10403221

10753277

附加信息

出票日期　　年　月　日

收款人：
金　额：
用　途：

单位主管　　会计

（33）

表 7－65

上海证券印制有限公司·2011年印制

中国银行

转账支票存根

10403221

10753277

附加信息

出票日期　　年　月　日

收款人：
金　额：
用　途：

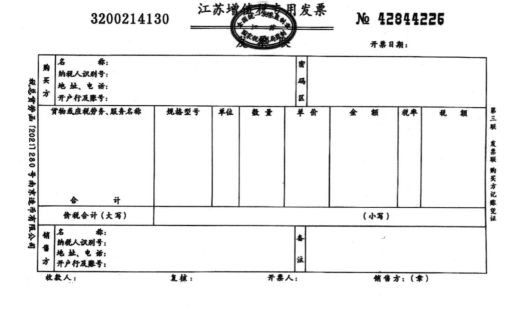

单位主管　　会计

（32）

表 7-66

代垫运杂费入账单

购货单位：　　　　　　　　　　　　年　　月　　日

货物名称	发货地点	发货日期	运输方式	件数	计费标准（　）	代垫运杂费					贷款及代垫运费估算			
						运单号码	运费收据号码	运费	保价费	合计	结算方式	结算凭证号码	办理日期	结算金额
代垫运杂费合计（大写）														
备注														

审核　　　　　　制单　　　　　　经办人

第一联　付款联

（32）

表 7-67

收料单

年　月　日

供货单位________　　　　　　　　　　凭证编号：________

发票号码________　　　　　　　　　　收料仓库：________

材料类别	材料编号	材料名称及规格	计量单位	应收数量	实收数量	计划单价	金额
备注：						合计	

仓库管理员（签章）　　　　　　收料人（签章）

三　财务

（32）

表 7-68

领料单

年　月　日

领料单位________　　　　　　　　　　凭证编号________

用　　途________　　　　　　　　　　发料仓库________

材料类别	材料编号	材料名称及规格	计量单位	请领数量	实数数量	计划单价	金额
备注：						合计	

仓库管理（签章）　　发料人（签章）　　领料单位负责人（签章）　　收料人（签章）

三　财务

（32）

表 7－69　　　　　　　　　　**提货单**

购买单位________　　　　　　20　年　月　日　　　　　　运输方式________

收货地址________　　　　　　　　　　　　　　　　　　　编　　号________

产品名称	产品编号	规格	计量单位	数量	单价	金额	备注
合计							

一仓库

销售部门主管（签章）　　发货人（签章）　　提货人（签章）　　制单人（签章）

（32）

表 7－70

3200214130　　**江苏增值税专用发票**　　№ 42844226

此联不作报销、扣税凭证使用　　　　开票日期：

税总货劵函[2021]280号南京造币有限公司

购买方	名　　称： 纳税人识别号： 地 址、电 话： 开户行及账号：				密码区			
货物或应税劳务、服务名称	规格型号	单位	数　量	单　价	金　　额	税率	税　　额	
合　　计								
价税合计（大写）					（小写）			
销售方	名　　称： 纳税人识别号： 地 址、电 话： 开户行及账号：				备注			

收款人：　　　　复核：　　　　开票人：　　　　销售方：（章）

第一联：记账联　销售方记账凭证

（33）

表 7－71

3200214130　　江苏增值税专用发票　　№ 42844226

发票联

开票日期：

<table>
<tr><td rowspan="4">购买方</td><td colspan="4">名　　称：</td><td rowspan="4">密码区</td><td colspan="4" rowspan="4"></td></tr>
<tr><td colspan="4">纳税人识别号：</td></tr>
<tr><td colspan="4">地 址、电 话：</td></tr>
<tr><td colspan="4">开户行及账号：</td></tr>
<tr><td colspan="2">货物或应税劳务、服务名称</td><td>规格型号</td><td>单位</td><td>数 量</td><td>单 价</td><td>金 额</td><td>税率</td><td>税 额</td><td></td></tr>
<tr><td colspan="2">合　　计</td><td></td><td></td><td></td><td></td><td></td><td></td><td></td><td></td></tr>
<tr><td colspan="2">价税合计（大写）</td><td colspan="8">（小写）</td></tr>
<tr><td rowspan="4">销售方</td><td colspan="4">名　　称：</td><td rowspan="4">备注</td><td colspan="4" rowspan="4"></td></tr>
<tr><td colspan="4">纳税人识别号：</td></tr>
<tr><td colspan="4">地 址、电 话：</td></tr>
<tr><td colspan="4">开户行及账号：</td></tr>
</table>

收款人：　　复核：　　开票人：　　销售方：（章）

税总货券函〔2021〕280号南京造币有限公司

第三联　发票联　购买方记账凭证

（33）

表 7－72

委托加工材料入库单

凭证编号________

加工单位________　　20　年　月　日　　收料仓库________

发料单编号	加工后材料名称及规格	单位	实收数量	计划单价（元）	金额
				合计	

②财务

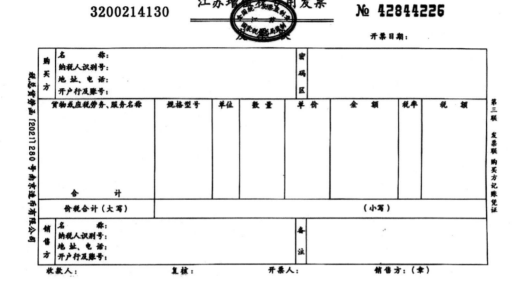

收料（签章）　　制证（签章）

（34）

表 7－73

进账单 回单或（收账通知） 1

年　月　日　　　　第　号

<table>
<tr><td rowspan="3">付款人</td><td>全　称</td><td></td><td rowspan="3">付款人</td><td>全　称</td><td colspan="10"></td></tr>
<tr><td>账　号</td><td></td><td>账　号</td><td colspan="10"></td></tr>
<tr><td>开户银行</td><td></td><td>开户银行</td><td colspan="10"></td></tr>
<tr><td rowspan="2">人民币（大写）</td><td colspan="4" rowspan="2"></td><td>千</td><td>百</td><td>十</td><td>万</td><td>千</td><td>百</td><td>十</td><td>元</td><td>角</td><td>分</td></tr>
<tr><td></td><td></td><td></td><td></td><td></td><td></td><td></td><td></td><td></td><td></td></tr>
</table>

付款单位名称或账号	种类	票据号码	百	十	万	千	百	十	元	角	分	
												收款人开户行盖章

此联是收款人开户行交给收款人的回单或收账通知

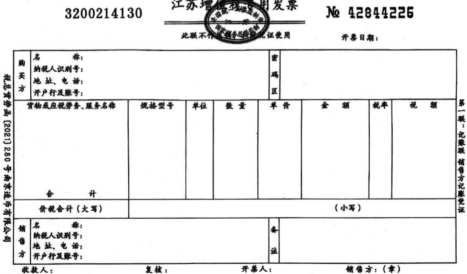

单位主管　　会计　　复核　　记账

（34）

表 7－74

3200214130　　**江苏增值税专用发票**　　№ 42844226

此联不作报销、扣税凭证使用　　开票日期：

<table>
<tr><td>购买方</td><td colspan="5">名　　称：
纳税人识别号：
地 址、电 话：
开户行及账号：</td><td>密码区</td><td colspan="3"></td></tr>
<tr><td colspan="2">货物或应税劳务、服务名称</td><td>规格型号</td><td>单位</td><td>数 量</td><td>单 价</td><td>金　额</td><td>税率</td><td>税　额</td><td></td></tr>
<tr><td colspan="2">

合　　计</td><td></td><td></td><td></td><td></td><td></td><td></td><td></td><td></td></tr>
<tr><td colspan="2">价税合计（大写）</td><td colspan="8">（小写）</td></tr>
<tr><td>销售方</td><td colspan="5">名　　称：
纳税人识别号：
地 址、电 话：
开户行及账号：</td><td>备注</td><td colspan="3"></td></tr>
</table>

收款人：　　复核：　　开票人：　　销售方：（章）

第一联：记账联　销售方记账凭证

税总函〔2021〕280号南京造币有限公司

（34）

表 7－75　　江海市龙城电机厂材料出售出库单　No：0030054

购货单位：　　开票　　　　年　月　日　　　　由__库发料

材料编号	材料名称及规格	计量单位	数量		计划成本		差异率%	实际价格	
			原订	实发	单价	总价		单价	总价
销售金额	（大写）								

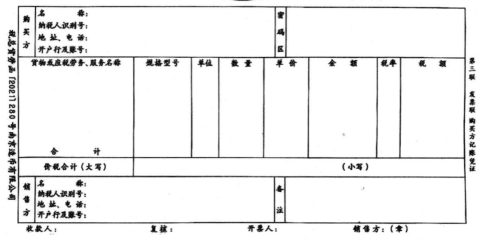

第三联 发票

发料员　　　　　　财务盖章

（35）

表 7－76

3200214130　　江苏增值税专用发票　　№ 42844226

发票联

开票日期：

购买方	名　称： 纳税人识别号： 地 址、电 话： 开户行及账号：				密码区			
货物或应税劳务、服务名称	规格型号	单位	数 量	单 价	金 额	税率	税 额	
合　计								
价税合计（大写）					（小写）			
销售方	名　称： 纳税人识别号： 地 址、电 话： 开户行及账号：				备注			

收款人：　　复核：　　开票人：　　销售方：（章）

税总货劳函〔2021〕280号南京造币有限公司

第三联 发票联 购买方记账凭证

（35）

表 7 – 77

中国银行

转账支票存根

10403221

10753277

上海证券印制有限公司·2011年印制

附加信息

出票日期　　　　年　月　日

收款人：

金　额：

用　途：

单位主管　　　　会计

（35）

表 7 – 78

固定资产验收单

年　月　日　　　　编号：

名称		规格型号	来源		数量	购（造）价		使用年限		预计残值
安装费		月折旧率	建造单位		交工日期			附件		
					年　月　日					
验收部门		验收人员			管理部门			管理人员		
备注										

（36）

表 7－79

032001900204　　江苏增值税普通发票　　№ 40811488

发票联

开票日期：

税总函［2019］144号 上海东港安全印刷有限公司

购买方	名　　称： 纳税人识别号： 地 址、电 话： 开户行及账号：				密码区		
货物或应税劳务、服务名称	规格型号	单位	数　量	单　价	金　额	税率	税　额
合　　计							
价税合计（大写）					（小写）		
销售方	名　　称： 纳税人识别号： 地 址、电 话： 开户行及账号：				备注		

第二联：发票联　购买方记账凭证

收款人：　　复核：　　开票人：　　销售方：（章）

（36）

表 7－80

固定资产验收单

年　月　日　　　　编号：

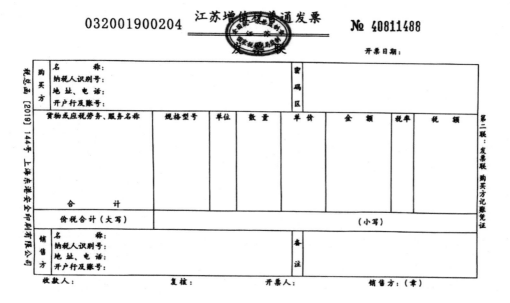

名称	规格型号	来源	数量	购（造）价	使用年限	预计残值
安装费	月折旧率	建造单位	交工日期		附件	
			年　月　日			
验收部门		验收人员	管理部门		管理人员	
备注						

（37）

表 7－81　　**客户贷记通知单**（06953－DEP5094）

交易日期：　　交易机构：06954　　交易流水账：106840153
收款人名称：龙城电机厂
收款人账号：535358102340
收款人开户行：中国银行龙城支行

付款人名称：海淀市东升厂
付款人账号：527458206514　　册号：　　序号：
付款人开户行：中国银行东升支行

金额（小写）：CNY　　结算汇率：
金额（大写）：人民币　拾　万　仟　佰　元　角　分

客户申请号：001762019981　　业务种类：无折转客户账

用途：货款
银行摘要：OBSS001762019973GIR0001401100544
备注：

此联为客户回单　　银行盖章：

中国银行股份有限公司江海龙城支行
20××1215
业务专用章
（2）

（37）

表 7－82　　**客户贷记通知单**（06953－DEP5095）

交易日期：　　交易机构：06954　　交易流水账：106840154
收款人名称：龙城电机厂
收款人账号：535358102340
收款人开户行：中国银行龙城支行
付款人名称：进华市进华厂
付款人账号：527458206515　　册号：　　序号：
付款人开户行：中国银行东升支行

金额（小写）：CNY　　结算汇率：
金额（大写）：人民币　拾　万　仟　佰　元　角　分
客户申请号：001762019982　　业务种类：无折转客户账

用途：货款
银行摘要：OBSS001762019973GIR0001401100545
备注：

此联为客户回单　　银行盖章：

中国银行股份有限公司江海龙城支行
20××1215
业务专用章
（2）

（38）

表 7-83

进账单 回单或（收账通知） 1

年　月　日　　　　第　号

付款人	全　称		收款人	全　称	
	账　号			账　号	
	开户银行			开户银行	

人民币（大写）		千	百	十	万	千	百	十	元	角	分

付款单位名称或账号	种类	票据号码	百	十	万	千	百	十	元	角	分	
												收款人开户行盖章

单位主管　　会计　　复核　　记账

此联是收款人开户行交给收款人的回单或收账通知

（38）

表 7-84

领料单

年　月　日

领料单位________　　凭证编号________

用　　途________　　发料仓库________

材料类别	材料编号	材料名称及规格	计量单位	请领数量	实收数量	计划单价	金额
备注：						合计	

仓库管理（签章）　　发料人（签章）　　领料单位负责人（签章）　　收料人（签章）

二　财务

（38）

表 7－85　　**提货单**

购买单位________　　20　年　月　日　　运输方式________

收货地址________　　编　　号________

产品名称	产品编号	规格	计量单位	数量	单价	金额	备注
合　计							

一仓库

销售部门主管（签章）　发货人（签章）　提货人（签章）　制单人（签章）

（38）

表 7－86

3200214130　　江苏增值税专用发票　　№ 42844226

此联不作报销、扣税凭证使用　　开票日期：

<table>
<tr><td>购买方</td><td colspan="4">名　称：
纳税人识别号：
地 址、电 话：
开户行及账号：</td><td>密码区</td><td colspan="4"></td></tr>
<tr><td colspan="2">货物或应税劳务、服务名称</td><td>规格型号</td><td>单位</td><td>数 量</td><td>单 价</td><td>金 额</td><td>税率</td><td>税 额</td></tr>
<tr><td colspan="2">合　计</td><td></td><td></td><td></td><td></td><td></td><td></td><td></td></tr>
<tr><td colspan="2">价税合计（大写）</td><td colspan="7">（小写）</td></tr>
<tr><td>销售方</td><td colspan="4">名　称：
纳税人识别号：
地 址、电 话：
开户行及账号：</td><td>备注</td><td colspan="4"></td></tr>
</table>

税总货劵函 [2021] 280 号南京造币有限公司

第一联：记账联　销售方记账凭证

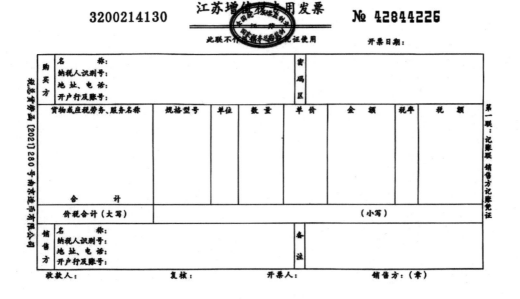

收款人：　复核：　开票人：　销售方：（章）

（39）

表 7－87　　**领料单**

年　月　日

领料单位________　　　　凭证编号________

用　　途________　　　　发料仓库________

材料类别	材料编号	材料名称及规格	计量单位	请领数量	实收数量	计划单价	金额
备注：						合计	

二　财务

仓库管理（签章）　发料人（签章）　领料单位负责人（签章）　收料人（签章）

（39）

表 7－88　　**材料价差分摊计算表**

年　月　日

材料类别	名称及规格	发料计划成本	（　）月价差率	分摊差异额
			合计	

审核　　　　制证

（39）

表 7－89　　**工程定额工缴计算表**

年　月　日

工程项目名称	承接单位	耗用工时	工缴定额	工程项目负担的加工费
合计				

审核　　　　制单

（39）

表 7－90　　**固定资产验收单**

年　月　日　　　　编号：

<table>
<tr><td>名称</td><td>规格型号</td><td>来源</td><td>数量</td><td>购（造）价</td><td>使用年限</td><td>预计残值</td></tr>
<tr><td></td><td></td><td></td><td></td><td></td><td></td><td></td></tr>
<tr><td>安装费</td><td>月折旧率</td><td colspan="2">建造单位</td><td>交工日期</td><td colspan="2">附件</td></tr>
<tr><td></td><td></td><td colspan="2"></td><td>年　月　日</td><td colspan="2"></td></tr>
<tr><td>验收部门</td><td></td><td>验收人员</td><td></td><td>管理部门</td><td></td><td>管理人员</td><td></td></tr>
<tr><td>备注</td><td colspan="7"></td></tr>
</table>

（40）

表 7－91

上海证券印制有限公司·2011年印制

中国银行

转账支票存根

10403221

10753277

附加信息 ______

______

______

出票日期　　年　月　日

收款人：	
金　额：	
用　途：	

单位主管　　会计

（40）

表 7－92

032001900204　江苏增值税普通发票　№ 40811488

发票联

开票日期：

税总函［2019］144号 上海东港安全印刷有限公司

购买方	名　　称： 纳税人识别号： 地 址、电 话： 开户行及账号：			密码区			
货物或应税劳务、服务名称	规格型号	单位	数 量	单 价	金 额	税率	税 额
合　　计							
价税合计（大写）				（小写）			
销售方	名　　称： 纳税人识别号： 地 址、电 话： 开户行及账号：			备注			

收款人：　　复核：　　开票人：　　销售方：（章）

第二联：发票联 购买方记账凭证

（40）

表 7－93

中国银行

现金支票存根

10403221

00205856

附加信息

出票日期　　年　月　日

收款人：	
金　额：	
用　途：	

单位主管　　会计

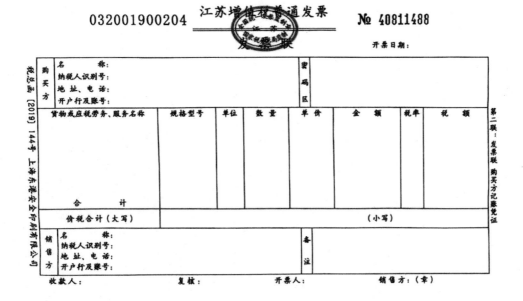

上海证券印制有限公司 · 2011年印制

（40）

表 7－94

032001900204　江苏增值税普通发票　№ 40811488

发票联

开票日期：

购买方	名　　称： 纳税人识别号： 地 址、电 话： 开户行及账号：				密码区		
货物或应税劳务、服务名称	规格型号	单位	数 量	单 价	金　额	税率	税　额
合　　计							
价税合计（大写）				（小写）			
销售方	名　　称： 纳税人识别号： 地 址、电 话： 开户行及账号：				备注		

收款人：　　复核：　　开票人：　　销售方：（章）

税总函〔2019〕144号 上海东港安全印刷有限公司

第二联：发票联 购买方记账凭证

（41）

表 7－95

借款单

20　年　月　日

借款人		所属单位		借款事由	
借款金额	人民币（大写）			¥________	
注意事项	（略）		审批人意见		

①付款联

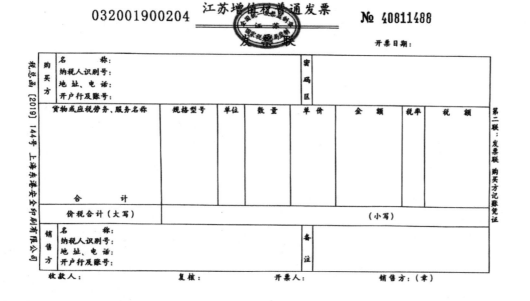

财务主管　　单位主管　　借款人

（42）

表 7－96

中国银行
现金支票存根
10403221
00205856

上海证券印制有限公司·2011年印制

附加信息＿＿＿＿＿＿＿＿＿＿＿＿＿＿＿＿

＿＿＿＿＿＿＿＿＿＿＿＿＿＿＿＿＿＿＿＿

＿＿＿＿＿＿＿＿＿＿＿＿＿＿＿＿＿＿＿＿

出票日期　　　　　　　　年　月　日

收款人：	
金　额：	
用　途：	

单位主管　　　　　　会计

现金支票签发视频

（43）

表 7－97

领料单

年　月　日

领料单位＿＿＿＿　　　　　　　　凭证编号＿＿＿＿

用　　途＿＿＿＿　　　　　　　　发料仓库＿＿＿＿

材料类别	材料编号	材料名称及规格	计量单位	请领数量	实收数量	计划单价	金额
备注：						合计	

二　财务

仓库管理（签章）　　发料人（签章）　　领料单位负责人（签章）　　收料人（签章）

（44）

表 7－98

中国银行 转账支票存根 10403221 10753277
上海证券印制有限公司·2011年印制
附加信息
出票日期　　　　年　月　日
收款人：
金　额：
用　途：
单位主管　　　　会计

（44）

表 7－99　　证券交易费交割单（北京市昌平路营业所）

年　月　日		成交过户交割凭单	买
公司代码	12559	证券名称	飞达股票
股东账号	35456886	股票代码	201321
资金账号	8896	成交数量	2 000 股
股东姓名	龙城电机厂胡东	成交价格	100
申请编号	563	成交金额	200 000
申请时间	20××年 12 月 18 日 09：30：10	标准佣金	600
成交时间	20××年 12 月 18 日 09：35：18	过户费用	60
资金前余额	200 860	印花税	200
资金余额	0	附加费用	
证券前余额	0 股	其他费用	
本次余额	2 000 股	实际收付金额	

（45）

表 7－100

进账单 回单或（收账通知）　1

年　月　日　　　　　第　号

付款人	全　称		收款人	全　称	
	账　号			账　号	
	开户银行			开户银行	

人民币（大写）		千	百	十	万	千	百	十	元	角	分

付款单位名称或账号	种类	票据号码	百	十	万	千	百	十	元	角	分	
												收款人开户行盖章

此联是收款人开户行交给收款人的回单或收账通知

单位主管　　　　会计　　　　复核　　　　记账

（45）

表 7－101

江海市证券交易所

债券到期本息计算单

债券名称	债券本金	起息日	到期日
光华债券	56 300		20××年 12 月 18 日
票面利率	8%	债券利息	3 400
债券兑现日期	20××年 10 月 08 日	本息总额	
交易所（盖章） 经办人		持票经办人（签字）	

（46）

表 7－102　　工资结算汇总表　　单位：元

单位、人员类别		应付工资		代扣款项				实发工资
		……	小计	医疗保险费	养老保险费	失业保险费	住房公积金	
一车间	生产工人	……	15 000	300	1 200	150	1 500	
	管理人员	……	4 000	80	320	40	400	
二车间	生产工人	……	6 750	135	540	67.5	675	
	管理人员	……	1 600	32	128	16	160	
机修车间	生产工人	……	980	19.60	78.40	9.80	98	
	管理人员	……	20	0.40	1.60	0.20	2	
工具车间	生产工人	……	630	12.60	50.40	6.30	63	
	管理人员	……	20	0.40	1.60	0.20	2	
厂部管理人员		……	6 000	120	480	60	600	
福利部门人员		……	300	6	24	3	30	
长期病假人员		……	200	4	16	2	20	
合计		……	35 500	710	2 840	355	3 550	

（46）

表 7－103　　扣款通知单

20　年　月　日

扣款项目	扣款金额（元）		扣款原因
	医疗保险费	养老保险费	
企业负担	10%	20%	
个人负担名单	2%	8%	
合计			合计

部门主管　　制单　　发单部门（盖章）

（46）

表 7－104

扣款通知单

20　年　月　日

扣款项目	扣款金额（元）		扣款原因
	失业保险费	住房公积金	
企业负担	2%	10%	
个人负担名单	1%	10%	
合计			合计

部门主管　　　　　制单　　　　　发单部门（盖章）

（47）

表 7－105

电子发票（普通发票）

江苏省税务局

发票号码：23322000000008396067

开票日期：　年　月　日

购买方信息	名称： 统一社会信用代码/纳税人识别号：	销售方信息	名称： 统一社会信用代码/纳税人识别号：

项目名称	规格型号	单位	数量	单价	金额	税率/征收率	税额
合计							

价税合计（大写）	⊗	（小写）
备注		

开票人：

下载次数：1

(47)

表 7－106

中国银行 转账支票存根 10403221 10753277
附加信息
出票日期　　　　年　月　日
收款人：
金　额：
用　途：
单位主管　　　　会计

上海证券印制有限公司·2011年印制

(48)

表 7－107

赔偿请求单

年　月　日

货物名称		发运单位		票据编号		发运数量
金额		火车运费		到站实际数量		
丢失品种		损失数量		要求赔偿金额		
损失原因				备注		
赔偿单位意见（盖章）				请求赔偿单位（盖章）		

(48)

表 7－108

收料单

年　月　日

提货单位________　　　　凭证编号：________

发票号码________　　　　收料仓库：________

材料类别	材料编号	材料名称及规格	计量单位	应收数量	实收数量	计划单价	金额
备注：						合计	

三　财务

仓库管理员（签章）　　　　收料人（签章）

（49）

表 7－109　　　　领料单分类凭证汇总表

20　年　月　日至　月　日　　　　发料汇字第　　号

材料类别 耗用单位					
		数量（　）	金额（　）	数量（　）	金额（　）
一车间	605 产品				
	起动电机				
二车间	#218 定单				
	#225 定单				
	#236 定单				
合计					

审核：　　　　　　　　汇总人：

（50）

表 7－110　　　　中国银行　国内支付业务付款回单

客户号：150175473　　　　　　　　日期：20××年 12 月 21 日

付款人	户　名	龙城电机厂	收款人	户　名	江海市住房公积管理中心
	账　号	535358102340		账　号	40000272192008694
	开户银行	江海市中国银行龙城支行		开户银行	中行江海市分行复南支行
金　额		人民币（大写）柒仟壹佰元整　CNY7 100.00			
用　途		上交住房公积金		业务种类	转账支出
业务编号		000000000000			
附　言		20××年 12 月份住房公积金			
交易机构		06964	交易渠道	网上银行	交易流水号 98874613508
经办				中国银行股份有限公司江海龙城支行 20××1221 业务专用章（2）	
验证码：		MoLifE4I5AIJjSFaMLunAEj7s7g =			
记账网点	260	记账柜员	12	打印日期	20××－12－21

（51）

表 7－111

中国银行 转账支票存根 10403221 10753277
附加信息
出票日期　　　　　年　月　日
收款人：
金　额：
用　途：
单位主管　　　　会计

上海证券印制有限公司・2011年印制

（51）

表 7－112　　　　**江海市　收据**

交款单位：　　　　20　年　月　日　　　　结算方式：

项目	内容	金额
合计人民币（大写）		¥________

收款单位（印章）　　　　收款人签章

第二联收据

（51）

表 7－113　　　　**固定资产报废单**

固定资产编号：　　　填报日期：　　　年　月　日　　　固定资产卡片：

固定资产名称	规格型号	单位	数量	预计使用年限	已使用年限	原值	已提折旧	备注
固定资产状况及报废原因								
处理意见	使用部门		技术鉴定小组		固定资产管理部门		财会部门	主管部门审批

（51）

表 7－114

龙城电机厂收款收据

NO：

20　年　月　日

附件　　张

付款单位		付款人	
付款项目		内容说明	
金额（大写）	¥________		

会计主管　　　　审核　　　　收款人

②入账

（51）

表 7－115

收料单

年　月　日

供货单位________　　　　凭证编号________

发票号码________　　　　收料仓库________

材料类别	材料编号	材料名称及规格	计量单位	应收数量	实收数量	计划单价	金额
备注：						合计	

仓库管理员（签章）：　　　　收料人（签章）：

三　财务

（52）

表 7－116

进账单 回单或（收账通知）　**1**

年　月　日　　　　第　　号

付款人	全　　称		收款人	全　　称	
	账　　号			账　　号	
	开户银行			开户银行	

人民币（大写）		千	百	十	万	千	百	十	元	角	分

付款单位名称或账号	种类	票据号码	百	十	万	千	百	十	元	角	分	
												收款人开户行盖章

单位主管　　　　会计　　　　复核　　　　记账

此联是收款人开户行交给收款人的回单或收账通知

（52）

表 7－117

电子发票（增值税专用发票）

发票号码：24332000000313559912

开票日期：　年　月　日

购买方信息	名称： 统一社会信用代码/纳税人识别号：	销售方信息	名称 统一社会信用代码/纳税人识别号：

项目名称	规格型号	单位	数量	单价	金额	税率/征收率	税额
合计					¥		¥
价税合计（大写）	⊗				（小写）¥		
备注							

开票人：

（53）

表 7－118

产成品交库单

交库单位________　　20　年　月　日　　编号________

产品编号	产品名称	规格	单位	送检数量	检验合格	不合格	实收数量

②仓库

检验员　　仓库保管员　　车间负责人　　制单

（53）

表 7－119

产成品交库单

交库单位________　　20　年　月　日　　编号________

产品编号	产品名称	规格	单位	送检数量	检验合格	不合格	实收数量

③财务

检验员　　仓库保管员　　车间负责人　　制单

（53）

表 7－120　　　　产成品交库单

交库单位________　　　　20　年　月　日　　　　编号________

产品编号	产品名称	规格	单位	送检数量	检验合格	不合格	实收数量

②仓库

检验员　　　　仓库保管员　　　　车间负责人　　　　制单

（53）

表 7－121　　　　产成品交库单

交库单位　　　　20　年　月　日　　　　编号________

产品编号	产品名称	规格	单位	送检数量	检验合格	不合格	实收数量

③财务

检验员　　　　仓库保管员　　　　车间负责人　　　　制单

（54）

表 7－122　　　　票据入账单

20　年　月　日

票据种类	收、付方单位	票据结算内容	签发日期	到期日期	票面金额				利率
					货款	增值税	运杂费	合计	
								合计	

财务主管　　　　审核　　　　制单

（55）

表 7－123

进账单 回单或（收账通知） 1

年　月　日　　　　　　　　第　号

付款人	全称		收款人	全称	
	账号			账号	
	开户银行			开户银行	

人民币（大写）	千	百	十	万	千	百	十	元	角	分

付款单位名称或账号	种类	票据号码	百	十	万	千	百	十	元	角	分	
												收款人开户行盖章

单位主管　　　会计　　　复核　　　记账

此联是收款人开户行交给收款人的回单或收账通知

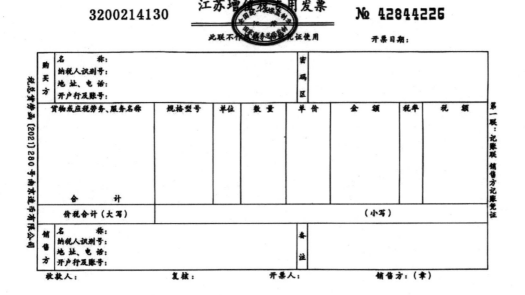

（55）

表 7－124

3200214130　　**江苏增值税专用发票**　　№ 42844226

此联不作报销、扣税凭证使用　　　开票日期：

购买方	名　称： 纳税人识别号： 地址、电话： 开户行及账号：	密码区	

货物或应税劳务、服务名称	规格型号	单位	数量	单价	金额	税率	税额
合　计							
价税合计（大写）				（小写）			

销售方	名　称： 纳税人识别号： 地址、电话： 开户行及账号：	备注	

收款人：　　　复核：　　　开票人：　　　销售方：（章）

税总货劳函〔2021〕280号南京造币有限公司

第一联：记账联　销售方记账凭证

（55）

表 7－125

提货单

购买单位________　　　　20　年　月　日　　　　运输方式________

收货地址________　　　　　　　　　　　　　　　编　　号________

产品名称	产品编号	规格	计量单位	数量	单价	金额	备注
合计							

一仓库

销售部门主管（签章）　　发货人（签章）　　提货人（签章）　　制单人（签章）

（56）

表 7－126

中国银行借款凭证

<table>
<tr><td>借款单位</td><td></td><td>贷款账号</td><td></td><td colspan="3">存款账号</td><td colspan="7"></td></tr>
<tr><td rowspan="2">借款金额（大写）</td><td colspan="3" rowspan="2"></td><td>千</td><td>百</td><td>十</td><td>万</td><td>千</td><td>百</td><td>十</td><td>元</td><td>角</td><td>分</td></tr>
<tr><td></td><td></td><td></td><td></td><td></td><td></td><td></td><td></td><td></td><td></td></tr>
<tr><td>用途</td><td colspan="13"></td></tr>
<tr><td colspan="4" rowspan="5">兹借到上列贷款，到期时请凭此证收回</td><td colspan="5">约定还款日期</td><td colspan="5">年　月　日</td></tr>
<tr><td colspan="10">分次还款记录</td></tr>
<tr><td colspan="2">日期</td><td colspan="2" rowspan="2">偿还本金</td><td colspan="2" rowspan="2">利息</td><td colspan="2" rowspan="2">结欠本金</td><td colspan="2" rowspan="2">复核员</td></tr>
<tr><td>月</td><td>日</td></tr>
<tr><td></td><td></td><td></td><td></td><td></td><td></td><td></td><td></td><td></td><td></td></tr>
<tr><td rowspan="2">借款单位盖章</td><td rowspan="2"></td><td rowspan="2">负责人签章</td><td rowspan="2"></td><td></td><td></td><td></td><td></td><td></td><td></td><td></td><td></td><td></td><td></td></tr>
<tr><td></td><td></td><td></td><td></td><td></td><td></td><td></td><td></td><td></td><td></td></tr>
<tr><td rowspan="3">行长（主任）</td><td colspan="2" rowspan="3">信贷科（股）长</td><td rowspan="3">信贷员</td><td></td><td></td><td></td><td></td><td></td><td></td><td></td><td></td><td></td><td></td></tr>
<tr><td></td><td></td><td></td><td></td><td></td><td></td><td></td><td></td><td></td><td></td></tr>
<tr><td></td><td></td><td></td><td></td><td></td><td></td><td></td><td></td><td></td><td></td></tr>
</table>

第四联　还款

（57）

表 7－127

中国银行 现金支票存根 10403221 00205857
附加信息
出票日期　　年　月　日
收款人：
金　额：
用　途：
单位主管　　会计

上海证券印制有限公司·2011年印制

（58）

表 7－128

中国银行 转账支票存根 10403221 10753277
附加信息
出票日期　　年　月　日
收款人：
金　额：
用　途：
单位主管　　会计

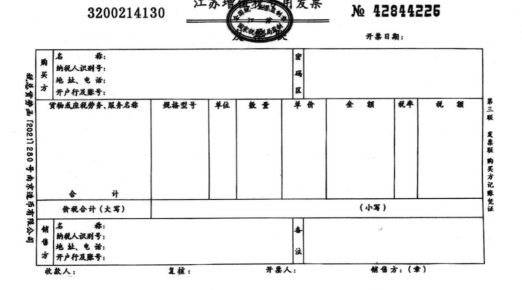

上海证券印制有限公司·2011年印制

（58）

表 7－129

3200214130　　江苏增值税专用发票　　№ 42844226

发票联

开票日期：

购买方	名　称： 纳税人识别号： 地址、电话： 开户行及账号：			密码区			
货物或应税劳务、服务名称	规格型号	单位	数量	单价	金额	税率	税额
合　计							
价税合计（大写）				（小写）			
销售方	名　称： 纳税人识别号： 地址、电话： 开户行及账号：			备注			

收款人：　　复核：　　开票人：　　销售方：（章）

税总货券函［2021］280号南京造币有限公司

第三联　发票联　购买方记账凭证

（59）

表 7 – 130　　　　四方电机厂职工生活困难补助申请书（代收据）

所属单位：　　　　　　　　　　申请日期　　年　　月　　日

姓名		性别		家庭人口	大			月工资	
					小				
现住址	区　街巷　路　号				现任职务			其他收入	
申请补助理由								申请金额	
小组意见		单位意见				领导批示			
同意补助 小组长签字		同意补助 单位负责人签章				同意补助 领导人签字			
今领到生活困难补助金额（大写）　　元　　年　月　日　　领款人（签章）									

（60）

表 7 – 131

3200214130　　江苏增值税专用发票　　№ 42844226

发票联

开票日期：

税总货劳函〔2021〕280号南京造币有限公司

购买方	名　　称： 纳税人识别号： 地 址、电 话： 开户行及账号：				密码区			
货物或应税劳务、服务名称	规格型号	单位	数 量	单 价	金　额	税率	税　额	
合　　计								
价税合计（大写）					（小写）			
销售方	名　　称： 纳税人识别号： 地 址、电 话： 开户行及账号：				备注			

收款人：　　　　复核：　　　　开票人：　　　　销售方：（章）

第三联　发票联　购买方记账凭证

（60）

表 7－132

中国银行 转账支票存根 10403221 10753277
附加信息
出票日期　　年　月　日
收款人：
金　额：
用　途：
单位主管　　会计

上海证券印制有限公司 · 2011年印制

（61）

表 7－133

委托加工材料出库单

凭证编号

委托加工单位　　20　年　月　日　　发料仓库

合同编号	加工后材料名称及规格	单位	数量	交货日期	
材料编号	材料名称及规格	单位	数量	计划单价（元）	金额

②财务

发料（签章）　　制证（签章）

（61）

表 7－134

材料价差分摊计算表

年　月　日

材料类别	名称及规格	发料计划成本	（　）月价差率	分摊差异额
			合计	

审核　　制证

（62）

表 7－135　　　　**江海市证券交易所（卖方）债券交易交割单**

年　月　日		成交过户交割凭单　　卖	
债券名称	利民债券	债券票面值（元）	81 000
债券期限	3 年	债券票面利率	6%
付息日	到期	债券成交价格	84 000
债券发行日期	20××年 1 月 1 日	债券交易费用	360
债券成交日期	20××年 12 月 26 日	债券成交净额	83 640
债券发行公司	利民公司	持有债券单位	龙城电机厂
交易所（盖章） 经办人		持券单位经办人（签字）	

（62）

表 7－136　　　　**转让债券应交增值税计算表**

转让债券名称	利民债券	原购价	
转让债券日期		购销差额含税	
转让债券金额		购销差额不含税	
转让金融产品应交增值税率			
转让金融产品应交增值税			

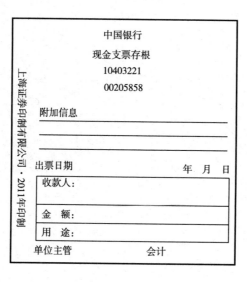

（63）

表 7－137

中国银行

现金支票存根

10403221

00205858

附加信息 ________________

____

____

出票日期　　　　年　月　日

收款人：
金　额：
用　途：

单位主管　　　　会计

上海证券印制有限公司 · 2011年印制

（63）

表 7－138

江海市　收据

收　据

No. 5038961

入账日期：　　年　　月　　日

强林纸品

交款单位________________________________收款方式____________

人民币（大写）____________________________ ¥

收款事由____

年　　月　　日

（三）交给付款单位

单位盖章

财会主管　　记账　　出纳　　审核　　经办

（63）

表 7－139

电子发票（普通发票）

发票号码：23322000000008396067

开票日期：　　年　月　日

购买方信息	名称： 统一社会信用代码/纳税人识别号：	销售方信息	名称： 统一社会信用代码/纳税人识别号：

项目名称	规格型号	单位	数量	单价	金额	税率/征收率	税额
合计							

价税合计（大写）	⊗	（小写）
备注		

开票人：

下载次数：1

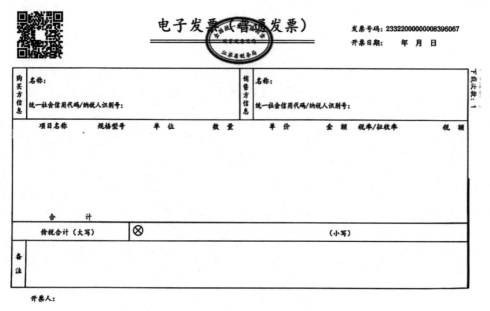

（64）

表 7－140

固定资产出售单

固定资产类别________　　20　年　月　日　　编　　号________

结算方式________　　保管地点________

购买单位	名称				出售单位（盖章）
	账号				
	开户银行				
固定资产名称	规格及型号	原值	已提折旧	净值	出售价格
合计金额（人民币大写）			¥________		

财务主管　　核算员　　仓库　　设备主管　　设备保管　　制单

②清理联

（64）

表 7－141

进账单 回单或（收账通知）　1

年　月　日　　第　号

付款人	全　　称		收款人	全　　称	
	账　　号			账　　号	
	开户银行			开户银行	

人民币（大写）		千	百	十	万	千	百	十	元	角	分

付款单位名称或账号	种类	票据号码	百	十	万	千	百	十	元	角	分	
												收款人开户行盖章

单位主管　　会计　　复核　　记账

此联是收款人开户行交给收款人的回单或收账通知

（64）

表 7－142

3200214130　　**江苏增值税专用发票**　　№ 42844226

此联不作报销、扣税凭证使用　　　　开票日期：

购买方	名　　称： 纳税人识别号： 地 址、电 话： 开户行及账号：			密码区			
货物或应税劳务、服务名称	规格型号	单位	数 量	单 价	金　额	税率	税　额
合　　计							
价税合计（大写）				（小写）			
销售方	名　　称： 纳税人识别号： 地 址、电 话： 开户行及账号：			备注			

收款人：　　复核：　　开票人：　　销售方：（章）

税总货劵函[2021]280号南京造币有限公司

第一联：记账联　销售方记账凭证

（64）

表 7－143　　　　**固定资产出售单**

固定资产类别________　　20　年　月　日　　编　　号________

结算方式________　　　　保管地点________

购买单位	名称				出售单位（盖章）
	账号				
	开户银行				
固定资产名称	规格及型号	原值	已提折旧	净值	出售价格
合计金额（人民币大写）		¥________			

财务主管　　核算员　　仓库　　设备主管　　设备保管　　制单

③收款联

（65）

表 7－144

电子发票（普通发票）

发票号码：23322000000008396067

开票日期：　年　月　日

购买方信息	名称： 统一社会信用代码/纳税人识别号：	销售方信息	名称： 统一社会信用代码/纳税人识别号：

项目名称	规格型号	单位	数量	单价	金额	税率/征收率	税额
合计							

价税合计（大写）	⊗	（小写）
备注		

下载次数：1

开票人：

（65）

表 7－145

中国银行

转账支票存根

10403221

10753277

上海证券印制有限公司·2011年印制

附加信息

出票日期　　年　月　日

收款人：	
金　额：	
用　途：	

单位主管　　会计

（66）

表 7－146　　　　**职工享受劳动保险付费凭单**

工作部门：　　　　　　　　　　20　年　月　日

姓名		性别		年龄		现在住址	
申请项目				供养直系亲属人数			
工资		是否工会会员		一般工龄		连续工龄	
起讫日期		支付标准				支付金额	
合计金额（大写）							

厂工会　　　　厂劳保负责人　　　　车间劳保委员　　　　申请人

（67）

表 7－147

中国银行

转账支票存根

10403221

10753277

上海证券印制有限公司·2011年印制

附加信息

出票日期　　　　年　月　日

收款人：

金　额：

用　途：

单位主管　　　　会计

（67）

表 7－148　　　　**河西街道服务队　收据**

收　据　　　　№ 5038961

入账日期：　年　月　日

交款单位＿＿＿＿＿＿＿＿＿＿收款方式＿＿＿＿＿＿

人民币(大写)＿＿＿＿＿＿＿＿＿＿¥

收款事由＿＿＿＿＿＿＿＿＿＿

年　月　日

强林纸品

（三）交给付款单位

单位盖章　　　　财会主管　记账　出纳　审核　经办

（67）

表 7－149　　**固定资产报废单**

固定资产编号：　　填报日期：　年　月　日　　固定资产卡片：

固定资产名称	规格型号	单位	数量	预计使用年限	已使用年限	原值	已提折旧	备注
固定资产状况及报废原因								
处理意见	使用部门		技术鉴定小组		固定资产管理部门		财会部门	主管部门审批

（67）

表 7－150

进账单 回单或（收账通知） 1

年　月　日　　第　号

付款人	全　称		收款人	全　称	
	账　号			账　号	
	开户银行			开户银行	

人民币（大写）	千	百	十	万	千	百	十	元	角	分

付款单位名称或账号	种类	票据号码	百	十	万	千	百	十	元	角	分	
												收款人开户行盖章

单位主管　　会计　　复核　　记账

此联是收款人开户行交给收款人的回单或收账通知

（67）

表 7－151

电子发票（普通发票）

发票号码：23322000000008396067

开票日期：　　年　月　日

购买方信息	名称： 统一社会信用代码/纳税人识别号：			销售方信息	名称： 统一社会信用代码/纳税人识别号：		
项目名称	规格型号	单位	数量	单价	金额	税率/征收率	税额
合计							
价税合计（大写）	⊗			（小写）			
备注							

下载次数：1

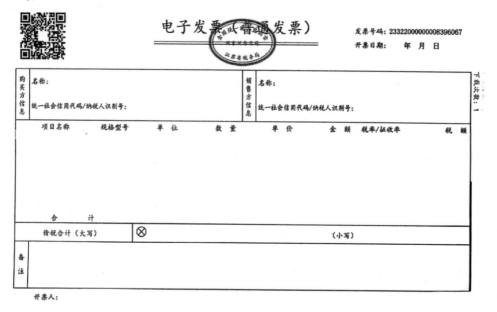

开票人：

（67）

表 7－152

中国人民财产保险股份有限公司

财产工程险赔款/费用计算书

承保机构	龙城电机厂	货币单位	CNY
立案编号	AJAB20×4	被保险人	详见清单
计算书号	CJAB20×4	出险日期	20×4 年 07 月 09 日
保单号码	RJAB20×433020000002012	出险地点	江海市龙城东郊路 8 号
保险金额	24 000 000.00（CNY）	出险原因	暴风雷电
保险期限	自 20×4 年 06 月 03 日至 20×5 年 06 月 02 日		
分险别分项目列明公式及结果			
报案号	RJAB20×43302000028001		
理算报告			
赔付标的清单：			
受损标的名称：			
受损标的赔偿金额：5 000.00CNY			
计算公式：	赔款金额＝（核损伤金额－残值）×赔付比例－免赔额		
	＝…＝5 000.00		

保险赔款	保险标的损失	5 000.00（CNY）	直接理赔费用	专家费	
				检验费	
				公估费	
				诉讼费	
				律师费	
				差旅费	
	施救费用			其他费用	
	赔款小计	5 000.00（CNY）		直接费用小计	

预付金额		实赔金额	5 000.00（CNY）
权益转让		损余回款	
本案累计已核赔款（含费用）			
本案已核费用			
县级分公司核赔意见			
市级分公司意见			
省级分公司意见			

中国人民保险公司江海分公司 理赔专用章

（67）

表 7－153

进账单 回单或（收账通知） 1

年　月　日　　　　第　号

<table>
<tr><td rowspan="3">付款人</td><td>全　称</td><td colspan="3"></td><td rowspan="3">收款人</td><td>全　称</td><td colspan="10"></td></tr>
<tr><td>账　号</td><td colspan="3"></td><td>账　号</td><td colspan="10"></td></tr>
<tr><td>开户银行</td><td colspan="3"></td><td>开户银行</td><td colspan="10"></td></tr>
<tr><td colspan="6" rowspan="2">人民币（大写）</td><td></td><td>千</td><td>百</td><td>十</td><td>万</td><td>千</td><td>百</td><td>十</td><td>元</td><td>角</td><td>分</td></tr>
<tr><td></td><td></td><td></td><td></td><td></td><td></td><td></td><td></td><td></td><td></td><td></td></tr>
</table>

<table>
<tr><td>付款单位名称或账号</td><td>种类</td><td>票据号码</td><td>百</td><td>十</td><td>万</td><td>千</td><td>百</td><td>十</td><td>元</td><td>角</td><td>分</td><td rowspan="6">收款人开户行盖章</td></tr>
<tr><td></td><td></td><td></td><td></td><td></td><td></td><td></td><td></td><td></td><td></td><td></td><td></td></tr>
<tr><td></td><td></td><td></td><td></td><td></td><td></td><td></td><td></td><td></td><td></td><td></td><td></td></tr>
<tr><td></td><td></td><td></td><td></td><td></td><td></td><td></td><td></td><td></td><td></td><td></td><td></td></tr>
<tr><td></td><td></td><td></td><td></td><td></td><td></td><td></td><td></td><td></td><td></td><td></td><td></td></tr>
<tr><td></td><td></td><td></td><td></td><td></td><td></td><td></td><td></td><td></td><td></td><td></td><td></td></tr>
</table>

此联是收款人开户行交给收款人的回单或收账通知

单位主管　　会计　　复核　　记账

（68）

表 7－154

领料单

领料单位________　　年　月　日　　凭证编号________

用　途　　发料仓库________

<table>
<tr><td>材料类别</td><td>材料编号</td><td>材料名称及规格</td><td>计量单位</td><td>请领数量</td><td>实收数量</td><td>计划单价</td><td>金额</td></tr>
<tr><td></td><td></td><td></td><td></td><td></td><td></td><td></td><td></td></tr>
<tr><td colspan="6">备注：</td><td>合计</td><td></td></tr>
</table>

二　财务

仓库管理（签章）　　发料人（签章）　　领料单位负责人（签章）　　收料人（签章）

（68）

表 7－155

中国银行
转账支票存根
10403221
10753277
附加信息
出票日期　　年　月　日
收款人：
金　额：
用　途：
单位主管　　会计

上海证券印制有限公司·2011年印制

（68）

表 7－156　　**代垫运杂费入账单**

购货单位：　　年　月　日

货物名称	发货地点	发货日期	运输方式	件数	计费标准（　）	代垫运杂费					贷款及代垫运费估算			
						运单号码	运费收据号码	运费	保价费	合计	结算方式	结算凭证号码	办理日期	结算金额
代垫运杂费合计（大写）														
备注														

第一联　付款联

审核　　制单　　经办人

（68）

表 7－157　　**提货单**

购买单位________　　运输方式________

收货地址　　20　年　月　日　　编　　号________

产品名称	产品编号	规格	计量单位	数量	单价	金额	备注
合计							

一仓库

销售部门主管（签章）　　发货人（签章）　　提货人（签章）　　制单人（签章）

（68）

表 7－158

3200214130　　**江苏增值税专用发票**　　№ 42844226

此联不作抵扣税凭证使用　　开票日期：

购买方	名　称： 纳税人识别号： 地 址、电 话： 开户行及账号：				密码区			
货物或应税劳务、服务名称		规格型号	单位	数 量	单 价	金 额	税率	税 额
合　计								
价税合计（大写）					（小写）			
销售方	名　称： 纳税人识别号： 地 址、电 话： 开户行及账号：				备注			

收款人：　　复核：　　开票人：　　销售方：（章）

税总函〔2021〕280号南京造币有限公司

第一联：记账联　销售方记账凭证

（69）

表 7－159

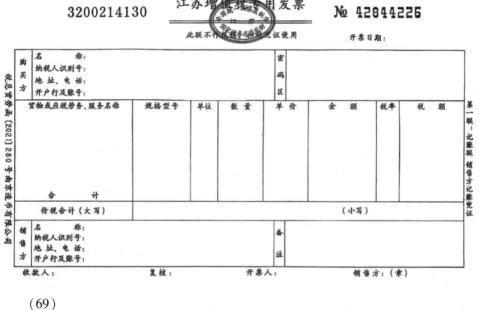

中国银行
转账支票存根
10403221
10753277

附加信息

出票日期　　年　月　日

收款人：
金　额：
用　途：

单位主管　　会计

上海证券印制有限公司・2011年印制

（69）

表 7 – 160

电子发票（普通发票）

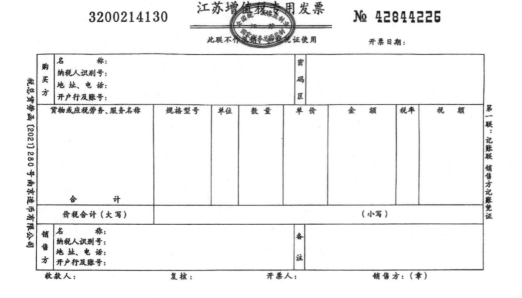

发票号码：23322000000008396067

开票日期：　　年　月　日

购买方信息	名称： 统一社会信用代码/纳税人识别号：	销售方信息	名称： 统一社会信用代码/纳税人识别号：

项目名称	规格型号	单位	数量	单价	金额	税率/征收率	税额
合计							
价税合计（大写）	⊗				（小写）		
备注							

下载次数：1

开票人：

（70）

表 7 – 161

3200214130　　江苏增值税专用发票　　№ 42844226

此联不作报销、扣税凭证使用

开票日期：

购买方	名　　称： 纳税人识别号： 地 址、电 话： 开户行及账号：	密码区					
货物或应税劳务、服务名称	规格型号	单位	数量	单价	金额	税率	税额
合　　计							
价税合计（大写）					（小写）		
销售方	名　　称： 纳税人识别号： 地 址、电 话： 开户行及账号：	备注					

收款人：　　　　复核：　　　　开票人：　　　　销售方：（章）

税总货币函〔2021〕280号南京造币有限公司

第一联：记账联　销售方记账凭证

（70）

表 7－162

委邮

委托收款 凭证（回 单） 1 第 号

委托日期： 年 月 日 委托号码：

付款人	全 称		收款人	全 称												
	账号或地址			账 号												
	开户银行			开户银行		行号										
托收金额	人民币：（大写）						千	百	十	万	千	百	十	元	角	分
款项内容		委托收款凭据名称		附寄单证张数												
备注：		款项收妥日期 年 月 日		收款人开户银行盖章 月 日												

单位主管 会计 复核 记账

此联收款人开户银行给收款人的回单

(94)94×17.5公分人A12

（70）

表 7－163

提货单

购买单位________ 运输方式 ________

收货地址________ 20 年 月 日 编 号________

产品名称	产品编号	规格	计量单位	数量	单价	金额	备注
合计							

一仓库

销售部门主管（签章） 发货人（签章） 提货人（签章） 制单人（签章）

（71）

表 7－164　　**固定资产验收单**

购置日期：　　　　　　使用单位：　　　　　　№：000985

固定资产名称		分类号		进货发票号	
型号		规格		使用年限	
固定资产编号		设备号		单价	
制造商		计量单位		数量	
安装地点		安装费		购价	
预计净残值		使用日期		原始价值	
备注					
附属配件					
名称	型号	数量	单价	金额	备注

固定资产管理部门：　　　　　　领用人：　　　　　　经办人：

（71）

表 7－165

电子发票（增值税专用发票）

发票号码：24322000000339842620

开票日期：　　年　月　日

购买方信息	名称： 统一社会信用代码/纳税人识别号：			销售方信息	名称： 统一社会信用代码/纳税人识别号：		
项目名称	规格型号	单位	数量	单价	金额	税率/征收率	税额
合计					¥		¥
价税合计（大写）	⊗				（小写）¥		
备注							

开票人：

下载次数：1

（71）

表 7-166

中国银行 转账支票存根 10403221 10753277
附加信息
出票日期　　　　年　月　日
收款人：
金　额：
用　途：
单位主管　　　　会计

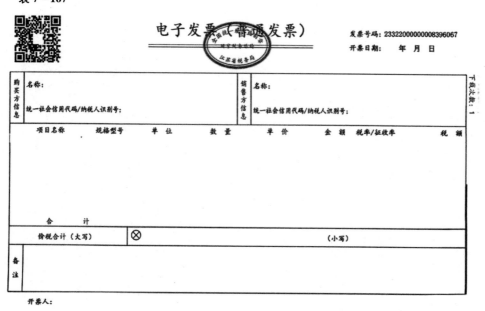

上海证券印制有限公司·2011年印制

（72）

表 7-167

电子发票（普通发票）

发票号码：23322000000008396067

开票日期：　　年　月　日

购买方信息	名称： 统一社会信用代码/纳税人识别号：	销售方信息	名称： 统一社会信用代码/纳税人识别号：				
项目名称	规格型号	单　位	数　量	单　价	金　额	税率/征收率	税　额
合　计							
价税合计（大写）	⊗			（小写）			
备注							

开票人：

下载次数：1

（72）

表 7－168

收料单

供货单位________　　　　年　月　日　　　　凭证编号________

发票号码________　　　　　　　　　　　　　收料仓库________

材料类别	材料编号	材料名称及规格	计量单位	应收数量	实收数量	计划单价	金额
备注：						合计	

三

财务

仓库管理员（签章）　　　　　　　　收料人（签章）

（73）

表 7－169

电子发票（增值税专用发票）

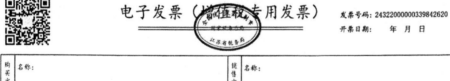

发票号码：24322000000339842620

开票日期：　　年　月　日

购买方信息	名称： 统一社会信用代码/纳税人识别号：	销售方信息	名称： 统一社会信用代码/纳税人识别号：

项目名称	规格型号	单位	数量	单价	金额	税率/征收率	税额
合计					¥		¥
价税合计（大写）	⊗				（小写）¥		
备注							

下载次数：1

开票人：

（73）

表 7－170　　**代垫运杂费入账单**

购货单位：　　　　　　　　年　月　日

货物名称	发货地点	发货日期	运输方式	件数	计费标准（　）	代垫运杂费					贷款及代垫运费估算			
						运单号码	运费收据号码	运费	保价费	合计	结算方式	结算凭证号码	办理日期	结算金额
代垫运杂费合计（大写）														
备注														

第一联　付款联

审核　　　　　　　制单　　　　　　　经办人

（73）

表 7－171　　**提货单**

购买单位________　　　　　　　　运输方式________

收货地址　　　　20　年　月　日　　　　编　号________

产品名称	产品编号	规格	计量单位	数量	单价	金额	备注
合计							

一　仓库

销售部门主管（签章）　　发货人（签章）　　提货人（签章）　　制单人（签章）

（73）

表 7－172

3200214130　　江苏增值税专用发票　　№ 42844226

此联不得作为扣税凭证使用　　　　开票日期：

税总货券函〔2021〕280号南京造币有限公司

购买方	名　　称： 纳税人识别号： 地 址、电 话： 开户行及账号：				密码区		
货物或应税劳务、服务名称	规格型号	单位	数 量	单 价	金　额	税率	税　额
合　　计							
价税合计（大写）				（小写）			
销售方	名　　称： 纳税人识别号： 地 址、电 话： 开户行及账号：				备注		

收款人：　　　　复核：　　　　开票人：　　　　销售方：（章）

第一联：记账联　销售方记账凭证

（74）

表 7－173

中国银行

转账支票存根

10403221

10753277

附加信息

出票日期　　　　年　月　日

收款人：	
金　额：	
用　途：	

单位主管　　　　会计

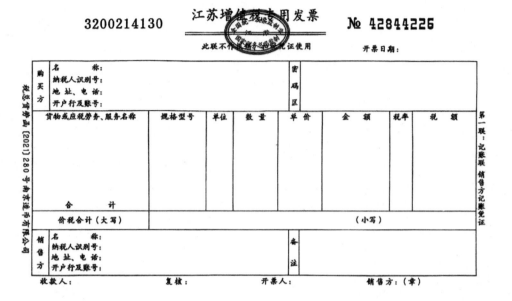

上海证券印制有限公司·2011年印制

（74）

表 7 – 174

货物运输业增值税专用发票

3200124760　　　　　　　　　　　　　　　　№ 02119611

发票联　　　　　　　　　　　　　　　　开票日期：

（全国统一发票监制章　江苏　国家税务局监制）

承运人及纳税人识别号				密码区			
实际受票方及纳税人识别号							
收货人及纳税人识别号				发货人及纳税人识别号			
起运地、经由、到达地							
费用项目及金额				运输货物信息			
合计金额		税率		税额		机器编号	
价税合计(大写)					（小写）		
车种车号		车船吨位		备注			
主管税务机关及代码							

收款人：　　　　复核人：　　　　开票人：　　　　承运人：（章）

国税函〔2012〕287号南京造币有限公司

第三联：发票联　受票方记账凭证

（75）

表 7 – 175　　　　**客户贷记通知单**（06953 – DEP5095）

交易日期：　　　　交易机构：06954　　　　交易流水账：106840155

收款人名称：龙城电机厂

收款人账号：535358102340

收款人开户行：中国银行龙城支行

付款人名称：海淀市东升厂

付款人账号：527458206514　　　　册号：　　　　序号：

付款人开户行：中国银行东升支行

金额（小写）：CNY　　　　结算汇率：

金额（大写）：人民币　　拾　万　仟　佰　元　角　分

客户申请号：001762019978　　　　业务种类：无折转客户账

用途：货款

银行摘要：OBSS001762019973GIR0001401100546

备注：

（中国银行股份有限公司江海龙城支行　20××1229　业务专用章　（2））

此联为客户回单　　　　银行盖章：

（76）

表 7－176

上海证券印制有限公司·2011年印制

中国银行

转账支票存根

10403221

10753277

附加信息

出票日期　　　　年　月　日

收款人：	
金　额：	
用　途：	

单位主管　　　　会计

（76）

表 7－177

032001900204　　江苏增值税普通发票　　№ 40811488

发票联

开票日期：

购买方	名　　称： 纳税人识别号： 地 址、电 话： 开户行及账号：			密码区			
货物或应税劳务、服务名称	规格型号	单位	数量	单价	金额	税率	税额
合　　计							
价税合计（大写）					（小写）		
销售方	名　　称： 纳税人识别号： 地 址、电 话： 开户行及账号：			备注			

收款人：　　　复核：　　　开票人：　　　销售方：（章）

税总函〔2019〕144号 上海东港安全印刷有限公司

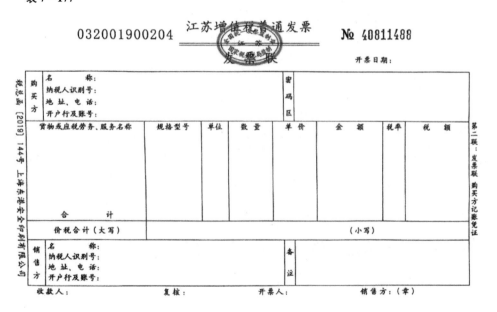

第二联：发票联 购买方记账凭证

（77）

表 7－178　　**收料单**

供货单位________　　年　月　日　　凭证编号________

发票号码　　收料仓库________

材料类别	材料编号	材料名称及规格	计量单位	应收数量	实收数量	计划单价	金额
备注：						合计	

三 财务

仓库管理员（签章）　　收料人（签章）

（78）

表 7－179　　**中国银行（　贷款）还款凭证（回　单）**　④

日期：　年　月　日　　原贷款凭证银行编号：

借款单位	名　称		付款单位	名　称	同左
	放款户账号			存款户账号	
	开户银行			开户银行	
计划还款日期		年　月　日	还款次序		第　次还款
偿还金额		货币及金额（大写）			千 百 十 万 千 百 十 元 角 分
还款内容					
备注：			上述借款已从你单位存款户内转还　此致 借款单位 （银行盖章）　年　月　日		

此联转账后作回单，退借款单位并代存款户支款通知

（79）

表 7－180

3200214130　　江苏增值税专用发票　　№ 42844226

发票联

开票日期：

购买方	名　　称： 纳税人识别号： 地 址、电 话： 开户行及账号：				密码区		
货物或应税劳务、服务名称	规格型号	单位	数　量	单　价	金　额	税率	税　额
合　　计							
价税合计（大写）				（小写）			
销售方	名　　称： 纳税人识别号： 地 址、电 话： 开户行及账号：				备注		

收款人：　　复核：　　开票人：　　销售方：（章）

税总货券函〔2021〕280号南京造币有限公司

第三联 发票联 购买方记账凭证

（79）

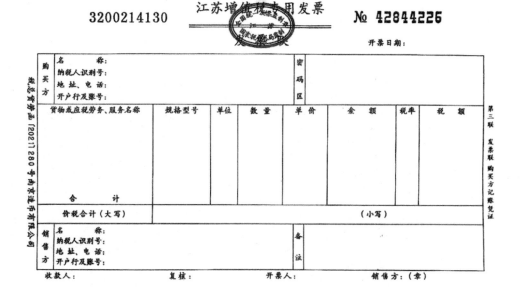

表 7－181　　龙城电机厂物品（费用）报销单

20　年　月　日

开支项目	物品（费用）名称	单位	数量	单价	金额	情况说明
合计金额（大写）				¥________		
签署意见						

附单据　张

部门主管　　经办人

（79）

表 7－182

中国银行 转账支票存根 10403221 10753277
附加信息
出票日期　　　　年　月　日
收款人：
金　额：
用　途：
单位主管　　　　会计

上海证券印制有限公司·2011年印制

（80）

表 7－183　　银行利息收入回单

日期：

收款单位	账　号		付款单位	账　号			
	户　名			户　名			
	开户银行			开户银行			
积数：			利率		利息		
________户第　季度利息				银行盖章			

代付、收款通知书

第二节　计算汇总业务原始凭证

（85）

表 7－184　　　　**本期应缴房产税情况表**

所属期起：				所属期止：		
纳税人识别码：						
纳税人名称：						
一、从价计征房产税						
序号	1	2	3	4	5	6
	所属期	房产原值	出租房产计税原值	其中：免税房产原值	其中：减税房产原值	应缴房产税额
合计：						

序号	1	2	3	4	5
	所属期	本期应税租赁收入	其中：本期免税租金收入	适用税率	应缴房产税额
合计：				*	
三、累计应缴房产税：				*	

（85）

表 7－185　　　　**本期城镇土地使用税情况表**

所属期起：				所属期止：		
纳税人识别码：						
纳税人名称：						
一、从价计征房产税						
序号	1	2	3	4	5	6
	所属期	土地等级	土地面积	其中：免税土地面积	其中：减税土地面积	应缴城镇土地使用税额
1						
2						
3						
4						
5	合计					

（86）

表 7 – 186　　**材料交库单**

交库单位________　　年　月　日　　交库单号________

发票号码________　　收料仓库________

材料编号	材料名称	材料名称及规格	计量单位	交库数量	实收数量	计划单价	金额
备注：						合计	

三　财务

仓库管理员（签章）　稽核员　交料员　收料人（签章）　制单

（87）

表 7 – 187　　**领料单分类凭证汇总表**

20　年　月　日至　月　日　　发料汇字第　号

材料类别 / 耗用单位					
		数量（　）	金额（　）	数量（　）	金额（　）
一车间——电机					
二车间	#218 定单				
	#225 定单				
	#236 定单				
合计					

审核：　　汇总人：

（88）

表 7 – 188　　**领料单分类凭证汇总表**

20　年　月　日至　月　日　　发料汇字第　号

材料类别 / 耗用单位				
	数量（　）	金额（　）	数量（　）	金额（　）
一车间				
二车间				
机修车间				
工具车间				
管理部门				
合计				

审核　　汇总人

（88）

表 7 - 189　　　　**领料单**

领料单位________　　　　年　月　日　　　　凭证编号________

用　　途________　　　　　　　　　　　　　发料仓库________

材料类别	材料编号	材料名称及规格	计量单位	请领数量	实收数量	计划单价	金额
备注：						合计	

二

财务

仓库管理　　　　发料人　　　　领料单位负责人　　　　收料人

（签章）　　　　（签章）　　　　（签章）　　　　（签章）

（88）

表 7 - 190　　　　**领料单**

领料单位________　　　　年　月　日　　　　凭证编号________

用　　途________　　　　　　　　　　　　　发料仓库________

材料类别	材料编号	材料名称及规格	计量单位	请领数量	实收数量	计划单价	金额
备注：						合计	

二

财务

仓库管理　　　　发料人　　　　领料单位负责人　　　　收料人

（签章）　　　　（签章）　　　　（签章）　　　　（签章）

（88）

表 7 - 191　　　　**领料单**

领料单位________　　　　年　月　日　　　　凭证编号________

用　　途________　　　　　　　　　　　　　发料仓库________

材料类别	材料编号	材料名称及规格	计量单位	请领数量	实收数量	计划单价	金额
备注：						合计	

二

财务

仓库管理　　　　发料人　　　　领料单位负责人　　　　收料人

（签章）　　　　（签章）　　　　（签章）　　　　（签章）

（88）

表 7－192　　　　**领料单**

领料单位________　　　　年　月　日　　　　凭证编号________

用　　途________　　　　　　　　　　　　　发料仓库________

材料类别	材料编号	材料名称及规格	计量单位	请领数量	实收数量	计划单价	金额
备注：						合计	

二　财务

仓库管理（签章）　　发料人（签章）　　领料单位负责人（签章）　　收料人（签章）

（88）

表 7－193　　　　**领料单**

领料单位________　　　　年　月　日　　　　凭证编号________

用　　途________　　　　　　　　　　　　　发料仓库________

材料类别	材料编号	材料名称及规格	计量单位	请领数量	实收数量	计划单价	金额
备注：						合计	

二　财务

仓库管理（签章）　　发料人（签章）　　领料单位负责人（签章）　　收料人（签章）

（89）

表 7－194　　　　**领料单分类凭证汇总表**

20　年　月　日至　月　日　　　　发料汇字第　　号

材料类别 / 耗用单位				
	数量（　）	金额（　）	数量（　）	金额（　）
一车间				
二车间				
机修车间				
工具车间				
管理部门				
合计				

审核　　　　　　　　　　汇总人

（90）

表 7－195　　　　　　　　　　　　**领料单**

领料单位________　　　　　　　年　月　日　　　　　　　凭证编号________

用　　途________　　　　　　　　　　　　　　　　　　　　发料仓库________

材料类别	材料编号	材料名称及规格	计量单位	请领数量	实收数量	计划单价	金额
备注：						合计	

二　财务

仓库管理（签章）　　发料人（签章）　　领料单位负责人（签章）　　收料人（签章）

（90）

表 7－196　　　　　　　　　　　**工程物资出库单**　　　　　　　凭证编号________

物资领用单位________　　　　　20　年　月　日　　　　　　　发出仓库________

物资编号	物资名称	规格及型号	计量单位	请领数量	实发数量	单价	金额
用途						合计	

②　财务

仓库管理员　　发物人　　领物单位主管　　领物人

（91）

表 7－197　　　　　　　　　　　　**领料单**

领料单位________　　　　　　　年　月　日　　　　　　　凭证编号________

用　　途________　　　　　　　　　　　　　　　　　　　　发料仓库________

材料类别	材料编号	材料名称及规格	计量单位	请领数量	实收数量	计划单价	金额
备注：						合计	

二　财务

仓库管理（签章）　　发料人（签章）　　领料单位负责人（签章）　　收料人（签章）

（91）

表 7－198　　　　　　　　　　　　**领料单**

领料单位________　　　　　　　年　月　日　　　　　　　凭证编号________

用　　途________　　　　　　　　　　　　　　　　　　　　发料仓库________

材料类别	材料编号	材料名称及规格	计量单位	请领数量	实收数量	计划单价	金额
备注：						合计	

二　财务

仓库管理（签章）　　发料人（签章）　　领料单位负责人（签章）　　收料人（签章）

（91）

表 7－199　　　　　　　　**领料单**

领料单位________　　　　年　月　日　　　　凭证编号________

用　　途________　　　　　　　　　　　　　发料仓库________

材料类别	材料编号	材料名称及规格	计量单位	请领数量	实收数量	计划单价	金额
备注：						合计	

二

财务

仓库管理（签章）　　发料人（签章）　　领料单位负责人（签章）　　收料人（签章）

（91）

表 7－200　　　　　　　　**领料单**

领料单位________　　　　年　月　日　　　　凭证编号________

用　　途________　　　　　　　　　　　　　发料仓库________

材料类别	材料编号	材料名称及规格	计量单位	请领数量	实收数量	计划单价	金额
备注：						合计	

二

财务

仓库管理（签章）　　发料人（签章）　　领料单位负责人（签章）　　收料人（签章）

（92）

银行借款计息与核算

表 7－201　　中国银行 BANK OF CHINA　　**贷款本息偿还单**

客户名称：龙城电机厂

合同号：1068351　　　　贷款账号：100400101165

贷款起始日期：20××0401　　　　贷款到始日期：20××0331

年利率（%）：5.60　　　　币种：人民币元

贷款总金额：174 857　　　　已用款金额：

积息周期：按季度　　　　还款方式：结息日只积利息，到期一次还本

下一结息日期：　　　　下次结息金额：

应计利息：4 336　　　　还款账号：535358102341

交易方式：立即还款　　预约还款

还款本金金额：20 000　　利息测试：

截至还款日累计利息：4 336　　　　本息合计：24 336

客户业务编号：29019　　　　用途：购置固定资产

银行盖章：

（93）

表 7－202　　　　**内部劳务通知单**

年　月　日

劳务项目名称	工时	单价	金额	完成日期	说明
合计					
承接单位		委托单位		计划调度	

②财务科

职工薪酬核算

（95）

表 7－203　　　　**电子缴款凭证**

打印日期：20××年 12 月 31 日

纳税人识别号	320303100210636		税务征收机关	国家税务局江海市第四税务分局	
纳税人全称	江海市龙城电机厂		银行账号	535358102340	
系统税票号	税（费）种	预算科目	实缴金额	所属时期	缴款日期
132036140404591832	医疗保险费	基本医疗	4 260	20××－12－01 至 20××－12－31	20××－12－31
	养老保险费	基本养老	9 940	20××－12－01 至 20××－12－31	20××－12－31
	失业保险费	失业保险费	1 065	20××－12－01 至 20××－12－31	20××－12－31
金额合计			¥15 265		

本缴款凭证仅作为纳税人记账核算凭证使用，电子缴税的，需与银行对账单电子划缴记录核对一致方有效。纳税人如需正式完税证明，请凭税务登记证或身份证明到办税服务厅开具。

（95）

表 7-204

中国银行 BANK OF CHINA **国内支付业务付款回单**

客户号：150141765　　　　日期：20××年12月31日

付款人账号：535358102340　　　　**收款人账号：**

付款人名称：江海市龙城电机厂　　　　**收款人名称：**国家金库江海市支库

付款人开户行：中国银行龙城支行　　　　**收款人开户行：**

金额：CNY15265.00

人民币壹万伍仟贰佰陆拾伍元整

业务种类：实时缴税　　业务编号：50057048　　凭证字号：20××120847476861

纳税人识别号：320303100210636　　缴款书交易流水号：47476861　　税票号码：432066221200327100

纳税人全称：江海市龙城电机厂

征收机关名称：江海市税务局第四税务分局

收款国库（银行）名称：国家金库江海市支库

税（费）种名称	所属日期	实缴金额
企业职工医疗保险费	20××/12/01-20××/12/31	CNY4260.00C
企业职工基本养老保险费	20××/12/01-20××/12/31	CNY9940.00CN
失业保险费	20××/12/01-20××/12/31	CNY1065.00

中国银行股份有限公司 电子回单专用章

如您已通过银行网点取得相应纸质回单，请注意核对，勿重复记账！

交易机构：07253　　交易渠道：其他　　交易流水号：133728835-380　　经办：

回单编号：20××1208225665　　回单验证码：242Q5H6M8959　　打印时间：　　打印次数：　　次

（98）

表 7-205

中国银行

转账支票存根

10403221

10753277

附加信息

出票日期　　　　年　月　日

收款人：

金　额：

用　途：

单位主管　　　　会计

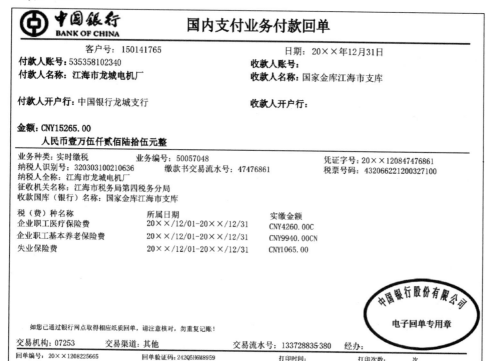

上海证券印制有限公司·2011年印制

（98）

表 7－206

3200214130　　**江苏增值税专用发票**　　№ 42844226

发票联

（全国统一发票监制章 江苏 国家税务总局监制）

开票日期：

购买方　名　　称：
纳税人识别号：
地 址、电 话：
开户行及账号：

密码区

货物或应税劳务、服务名称	规格型号	单位	数 量	单 价	金 额	税率	税 额
合 计							
价税合计（大写）					（小写）		

销售方　名　　称：
纳税人识别号：
地 址、电 话：
开户行及账号：

备注

收款人：　　复核：　　开票人：　　销售方：（章）

税总货函 [2021] 280 号南京造币有限公司

第三联 发票联 购买方记账凭证

（99）

表 7－207

无形资产摊销表

20　年　月　日

种类	应借科目		应贷（摊销）金额
	总账科目	明细科目	
专利权	管理费用	无形资产摊销	

审核　　　　制表

（100）

表 7－208

长期待摊费用摊销表

20　年　月　日

项目	车间或部门（内容）	长期待摊费用发生		摊销期	本月摊销（元）
		时间	金额（元）		
租入固定资产大修支出	二车间机器	上年 12 月	90 000	3 年	
	二车间设备	今年 11 月	18 260	2 年	
合计			108 260		

审核　　　　制表

（101）

表 7－209　**暂估料款清单**

年　月　日

材料账户	收料日期	收料单号码	供应单位名称	材料类别	材料名称	单 位	数 量	金 额

审核　　制单

①月终估

（104）

表 7－210　**存货实存账存对比表**

20　年　月　日

存货类别	名称	计量单位	实存		账存		盘盈		盘亏		备注
			数量	金额	数量	金额	数量	金额	数量	金额	
合计			—		—		—		—		
处理意见	清查小组					审批部门					

①盘点入账

（104）

表 7－211　**材料价差分摊计算表**

20　年　月　日

材料类别	名称及规格	发料计划成本	（　　）月价差率	分摊差异额
			合　　计	

审核　　制证

（104）

表 7－212　　**增值税进项税额扣减计算表**

年　月　日

进项税目	扣减原因	扣减类别	扣减依据		增值税率	扣减金额
			原进项税额	当期实际成本		
					合计	

会计主管　　　　审核　　　　制单

（104）

表 7－213　　**固定资产盘盈盘亏报告表**

部门：　　　　年　月　日

固定资产编号	固定资产名称	盘盈			盘亏			毁损			原因
		数量	重置价值	估计已提折旧	数量	原价	已提折旧	数量	原价	已提折旧	
合计											
处理意见	使用部门			清查小组			审批部门				

①盘点入账

（105）

表 7－214　　**存货实存账存对比表**

20　年　月　日

存货类别	名称	计量单位	实存		账存		盘盈		盘亏		备注
			数量	金额	数量	金额	数量	金额	数量	金额	
合计			—		—		—		—		
处理意见	清查小组					审批部门					

②审批处理

（105）

表 7－215 **固定资产盘盈盘亏报告表**

部门： 年 月 日

固定资产编号	固定资产名称	盘盈			盘亏			毁损			原因
		数量	重置价值	估计已提折旧	数量	原价	已提折旧	数量	原价	已提折旧	
合计											
处理意见	使用部门			清查小组				审批部门			

②审批处理

（106）

表 7－216 **工具报废单**

填报单位： 20 年 月 日

材料编号	名称	规格	单位	数量	计划单价	金额	报废残值	实物负责人
报废原因				鉴定部门			批准部门	

第三联财务

（106）

表 7－217 **低值易耗品（工具）摊销表（五五摊销法）**

20 年 月 日

应借科目	领用计划成本	摊销率（50%）	分摊金额
		合计	

审核 制证

（109）

表 7－218

国家拨款转投资清单

20　年　月　日

拨款金额	20　年　月　日　拨入　　　　元					
开支项目	年	月	日	支出内容	金额	备注
	合计					
多余拨款（元）		拨款不足（元）		处理意见		

审批　　　　审核　　　　制单

（109）

表 7－219

产成品交库单

交库单位________　　20　年　月　日　　编号________

产品编号	产品名称	规格	单位	送检数量	检验合格	不合格	实收数量

②仓库

检验员　　　　仓库保管员　　　　车间负责人　　　　制单

（110）

表 7－220

坏账准备计提表

20　年　月　日　　单位：元

计提对象余额		计提率（%）	应提额	账面已提	实际计提
应收账款					
其他应收款					

审核　　　　制表

（111）

表 7－221

进账单 回单或（收账通知） 1

年 月 日 第 号

付款人	全 称		收款人	全 称	
	账 号			账 号	
	开户银行			开户银行	

人民币（大写）		千	百	十	万	千	百	十	元	角	分

付款单位名称或账号	种类	票据号码	百	十	万	千	百	十	元	角	分	
												收款人开户行盖章

此联是收款人开户行交给收款人的回单或收账通知

单位主管 会计 复核 记账

（111）

表 7－222 **增值税数电专用发票**

电子发票（增值税专用发票）

发票号码：24322000000339842620

开票日期： 年 月 日

购买方信息	名称： 统一社会信用代码/纳税人识别号：	销售方信息	名称： 统一社会信用代码/纳税人识别号：

项目名称	规格型号	单 位	数 量	单 价	金 额	税率/征收率	税 额
合 计					¥		¥

价税合计（大写）	⊗	（小写）¥
备注		

下载次数：1

开票人：

（112）

表 7－223　　**本月转出未交增值税计算表**

20　年　月　日

本月销项税额（元）	本月进项税额（元）	本月进项税额转出（元）	本月应交增值税（元）
（1）	（2）	（3）	（4）＝（1）－（2）＋（3）
月初未交增值税（元）	本月应交增值税（元）	本月已交增值税（元）	月末未交增值税（元）
（5）	（6）＝（4）	（7）	（8）＝（5）＋（6）－（7）

审核　　　　　　　　　　　　　　　　　　　　制表

（113）

表 7－224　　**存货跌价准备计提表**

20　年　月　日

项目	存货余额	存货可变现净值	应计提跌价准备	账面已提跌价准备	实际计提跌价准备
一、原材料					
二、包装物					
三、低值易耗品					
四、委托加工材料					
五、在产品					
六、自制半成品					
七、库存商品					
合计					

注：存货余额应为实际成本。

会计电算化

会计电算化操作

（113）

表 7－225　　**递延所得税确认和计量表**

20　年　月　日　　　　　　　　单位：元

序号	项目	账面价值	计税基础	暂时性差异		期末递延所得税资产	期初递延所得税资产	递延所得税费用
				应纳税暂时性差异	可抵扣暂时性差异			
合计								

提交凭证账簿报表

第三节　会计原始凭证填制的思政教育要求

财务管理专业、会计学专业的学生在填制会计原始凭证的过程中，教师要教育学生仔细、认真，一丝不苟，遵守会计人员的基本操守。在当今数字经济的社会，会计人员是会计数据的提供者，不仅需要有正确的素质素养，还要有高尚的数字素养。

一、在学生中开展职业素养教育

（一）开展职业素养教育的必要性

高等学校“精英”教育已转向“大众化”教育。一些名牌学校由于生源质量好，高校领导重视抓教学，教育质量没有退化，他们培养的会计专业学生职业素养得到用人单位的充分肯定：有本事、有能力、肯干、会办事、有培养前途。但是，许多生源不好或不太好的高等学校，抓教学质量“软”，他们培养的会计专业学生职业素养不理想，存在的主要问题如下：

（1）工作态度浮躁不愿意干实事。这一问题在就业态度上表现最突出：不愿意干“苦”和“累”的活儿；不愿意干“非专业”的活儿；不愿意干“份外”的活儿；不愿意干“基层人员”的活儿；不愿意干“无电脑”的活儿等。部分学生找一个理想的工作标准是：坐在办公室操作电脑、玩着手机、看着报纸、干些专业活儿、拿着较高的工资、过着轻松愉快的日子。他们不愿意去艰苦的行业、落后的地区工作，也不愿意去繁忙的单位、普通的基层工作。一句话“眼高”。

（2）业务能力不强干不了实事。会计专业许多学生在校期间并没有扎扎实实学好会计专业知识。一本专业书中许多知识没有学、没有看、没有碰，存在着很多“盲区”。当他们一走上工作岗位，就露了“马脚”，会计业务工作不会干，也经不起询问和检查。一句话“手低”。

（3）处理事务不力语言缺乏修养。有的学生一到工作单位处理事务不到位，不会在合适的时间、合适的地点、用合适的方式、说合适的话、办合适的事。一句话“傲慢”。

解决上述问题的重要措施就是在会计专业学生中开展“职业素养”教育，让其树立正确的择业观、工作观、职责观、成就观。

（二）加强会计专业学生职业素养的培养

1. 从“敬业教育”角度培养大学生职业素养

社会主义核心价值观中很重要的一条是“敬业”。敬业，就是敬重自己从事的事业，专心致力于事业，千方百计把事情做好。对大学生进行“敬业教育”就是要正确对待自己从事的工作，在工作中体现人的“职业素养”。开展“敬业教育”有四种方式：

一是发挥辅导员、班主任作用，在平时的学生“思想政治教育活动”中开展“敬业教育”；

二是聘请现场会计人员、高校优秀人员讲述“兢兢业业”工作的事实；

三是利用学校宣传栏、广播电台、师生微信群传播敬业思想、敬业精神、敬业事迹，营造良好的敬业环境；

四是以“敬业”为主题开展班务活动、团支部活动、学生会活动、各种竞赛活动，让学生参与活动，当演讲主体。

2. 将“职业素养”教育活动纳入高校“教学活动”之中

目前，一些高校已经充分认识到对大学生进行“职业素养”教育的重要性，他们已经将职业素养教育纳入高校教学活动之中，取得了良好的效果值得推广：

一是在《思想道德修养与法律基础》课程教学过程中开展“敬业教育”。具体内容包括：①让学生掌握“爱岗敬业”的内容。会计人员的爱岗敬业，指的是会计人员忠于职守、热爱会计事业的精神。会计人员爱岗：就是热爱自己从事的会计本职工作，安心会计本职工作岗位，稳定地、持久地、恪尽职守地做好会计本职工作。会计人员敬业：就是会计人员要充分认识做好会计本职工作的意义，明白会计本职工作在我国经济和社会发展过程中的地位和作用；还要充分认识做好会计本职工作的道德价值，明白会计人员的言行会影响与财会部门打交道的各种人员，传递会计道德风尚，因此，会计人员要在从事会计工作中以强烈的事业心、责任感、自豪感和荣誉感高度发挥自己的劳动热情和创造性。②让学生掌握“爱岗敬业”的基本要求：热爱会计工作，敬重会计职业；办事严肃认真，一丝不苟；始终忠于职守，尽职尽责。③教育学生诚实守信。要做老实人，说老实话，办老实事，不做假账；要保守单位商业秘密，不为利益所诱惑；要谨慎执业，维护职业信誉。④教育学生廉洁自律。做到遵纪守法、廉洁清正；公私分明，不贪不占，“常在河边走，就是不湿鞋”，“两袖清风，一身正气”。⑤要求学生办事客观公正。就是依法办事，守住底线；实事求是，不偏不倚；如实反映，保持会计履行职责的独立性。⑥让学生始终“坚持准则”。这里所说的“准则”包括会计准则；会计法律、法规、制度。坚持准则是会计人员胜任本职工作的基础，基本要求是：熟悉准则；遵循准则；敢于同违法行为做斗争。⑦要求学生有较强的执业本领。要有不断提高会计专业技能的意识和愿望；要有科学的学习方法和刻苦钻研的精神；要有终身学习积极奋进的恒心。⑧教学生如何参与管理。会计人员参与管理，就是参加企业、单位的管理活动，当好管理者的参谋，为企业、单位的管理活动服务，使会计的思想、行为能够影响管理者的决策。⑨强化会计人员的“服务”职能。教育学生处理好监督和服务的关系：在监督中服务；在服务中监督；既要有服务意识，又要提高服务质量。

二是在实践环节增设《思想品德提升训练》课程，从以下五个方面进行敬业品行训练：

①进行会计职业情操的训练。包括热爱会计本职工作、安心会计本职工作和乐于会计本职工作等。②进行会计职业态度的训练。包括认真、仔细、诚实、守信、公正（道）、积极主动、富有创造性。③进行会计职业责任的训练。包括对待会计工作的责任心（感），会计职责的履行（尤其是讲原则，讲方法），奉献社会的精神，正确的荣誉观等。④进行会计职业作风的训练。包括循规蹈矩、实事求是、当“家”节俭、服务耐心、讲求效率和效益等。⑤进行会计职业纪律的训练。包括遵纪守法、保守机密、清正廉洁、自警自律等。

3. 从职业技能培养角度提升大学职业素养

2007 年 12 月 13 日，教育部办公厅印发的《大学生职业发展与就业指导课程教学要求》明确提出，大学生应当掌握自我探索技能、信息搜索与管理技能、生涯决策技能、求职技能等，还应该通过课程提高学生的各种通用技能，比如沟通技能、问题解决技能、自我管理技能和人际交往技能等。其中，专业性“求职技能”和社会性通用技能对大学生就业尤为重要。要求对“求职技能”进一步指出：要具体分析已确定职业和该职业需要的专业技能、通用技能，以及对个人素质的要求，并学会通过各种途径来有效地提高这些技能。我们认为，在这些技能中，“对个人素质的要求”是“职业素养”的重要内容和要求。

2018 年 5 月，国务院发布《关于推行终身职业技能培训制度的意见》规定，职业技能培训是全面提升劳动者就业创业能力、缓解技能人才短缺的结构性矛盾、提高就业质量的根本举措；坚持以促进就业创业为目标，瞄准就业创业和经济社会发展需求确定培训内容，加强对就业创业重点群体的培训，提高培训后的就业创业成功率，着力缓解劳动者素质结构与经济社会发展需求不相适应、结构性就业矛盾突出的问题。从职业技能培训和鉴定的这些规定中可见，“职业”和“技能”关联，称“职业技能”，职业技能培训的目的是促进“就业和创业”，即“以就业创业为导向”，以“从业素养”为根基。

常州大学会计学专业开设《会计岗位实务训练》课程，对会计工作每个岗位的训练提出了培养学生职业素养的要求，概括起来是“八大”敬业基点：一是把住“出纳报销关”，保证货币资金安全完整；二是掌控“物资价值流”，保证存货岗、固定资产等财产物资有效营运、不减损；三是维护“职工权益”，保证职工取得合理薪酬；四是维护“债主业主权益”，保证按期还本付息和支付红利；五是维护“客户权益”，保证提供合格产品，及时结算货款；六是维护“国家利益”，遵守税法规定如实纳税；七是讲究“成本效益”，控制好成本费用；八是“诚信做账”，保证如实编制财务报表。

二、在学生中开展数字素养教育①

2021 年 10 月 18 日，习近平总书记在中共中央政治局第三十四次集体学习时强调：把握数字经济发展趋势和规律，推动我国数字经济健康发展，要提高全民全社会数字素养和技能，夯实我国数字经济发展社会基础。2022 年 1 月 6 日，国务院办公厅发布《要素市场化配置综合改革试点总体方案》明确指出："探索建立数据要素流通规则"，对数据进行开放共享、流通交易、开发利用和安全使用。2023 年 1 月 20 日，《中共中央　国务院关于构建数据基础制度更好发挥数据要素作用的意见》进一步明确提出：数据作为生产要素，要进行市场化配置，按价值贡献参与分配、决定报酬。2023 年 3 月 7 日，国务院机构改革的一个突出亮点是成立"国家数据局"，从组织机构、制度体系上把"数据"这一生产要素管得更好、管得更实、更规范，更有效能。

根据以上习近平总书记"数字素养"的论述和国家文件的出台，结合会计学专业会计实务综合训练的特性，在学生实训过程中增加"财务数字素养教育"内容。以下列举虽然不是本教材产生的数据所进行的数字素养教育，但它为生今后从事财务会计工作或其他相关工作收集数据提升素养品德提供了示范：

1. 党的共同富裕的分配政策教育

学生在进行会计实务综合训练前，已经学习了多门会计主干课程。其中，在《财务分析》课程里，要组织学生进行工资性收入分析、资本性收益分析。老师可以提供一组数据，比如，2021 年，中国居民人均工资性收入 19629. 4 元，占全国居民人均可支配收入 35128. 10 元的 55. 88%。这一数据表明，我国是社会主义国家，实行"共同富裕"的分配政策是"按劳分配为主体，多种分配方式并存"。国家要让依靠劳动的中国居民工资性收入不断上升，并占主体地位。当前，中国在分配关系上还存在一些问题，比如，中等人群收入比例低，贫富比较悬殊，等等，但党的十九届五中全会明确提出，要"扎实推动共同富裕"。2021 年 8 月 17 日，习近平总书记主持召开中央财经委员会第十次会议强调：共同富裕是社会主义的本质要求，是中国式现代化的重要特征，要坚持以人民为中心的发展思想，在高质量发展中促进共同富裕。因此，我党把握着社会主义发展方向，坚持按劳分配为主体，实现共同富裕，通过"构建初次分配、再分配、三次分配协调配套的基础性制度安排"，"扩大中等收入群体比重，增加低收入群体收入，合理调节高收入，取缔非法收入，形成中间大、两头小的橄榄型分配结构，促进社会公平正义，促进人的全面发展，使全体人民朝着共同富裕目标扎实迈进"。2022 年 10 月 16 日，党的二十大报告再次提出："努力提高居民收入在国民收入分配中的比重，提高劳动报酬在初次分配中的比重"。"增

① 朱学义，朱亮峰，李文美，等. 财务分析教程（第 3 版）［M］. 北京：北京大学出版社，2023：7 - 8.

加低收入者收入，扩大中等收入群体。完善按要素分配政策制度，探索多种渠道增加中低收入群众要素收入，多渠道增加城乡居民财产性收入”。未来五年，实现“居民收入增长和经济增长基本同步，劳动报酬提高与劳动生产率提高基本同步”。到2035年，“人民生活更加幸福美好，居民人均可支配收入再上新台阶”。

通过以上数据的提供与分析，让学生切身感到我党分配政策的优越性。

2. 社会主义社会充分就业教育和扶贫脱困教育

财务管理专业、会计学专业学生在学习《统计学》课程时，要对工资进行平均数分析和中位数分析。老师由此可以进行扩展分析，可以提供一组数据给学生进行数字分析。比如，2021年，中国失业率4%，澳大利亚失业率5.1%，美国失业率5.3%，法国失业率7.9%，加拿大失业率7.5%，意大利失业率9.5%……这一数据说明，中国是社会主义国家，以人民利益为中心，首先要让人民充分就业。中国的失业率比西方资本主义国家要低，体现了社会主义制度的优越性，国家一直在作出最大努力提高劳动人员的就业率，它是走“共同富裕”之路的基点。2019年，占中国人口总数39.4%的乡（农）村，贫困率为0.6%，比2011年17.2%下降16.6个百分点。我国政府不断加大扶贫力度，2011~2019年，八年降低农村贫困率16.6个百分点，每年降低2.1个百分点，体现了社会主义国家的关怀。2020年，我国现行农村贫困标准下的农村贫困人口全部脱贫，国家统计局不再发布农村贫困人口和贫困发生率数据。2021年2月25日，习近平总书记宣布：经过全党全国各族人民共同努力，在迎来中国共产党成立一百周年的重要时刻，我国脱贫攻坚战取得了全面胜利，现行标准下9899万农村贫困人口全部脱贫，832个贫困县全部摘帽，12.8万个贫困村全部出列，区域性整体贫困得到解决，完成了消除绝对贫困的艰巨任务，创造了又一个彪炳史册的人间奇迹！这是中国人民的伟大光荣，是中国共产党的伟大光荣，是中华民族的伟大光荣。我国脱贫攻坚战取得了全面胜利，是我国人民走“共同富裕”道路的坚强基石。

主要参考文献

［1］财政部制定．企业会计制度（2001）［M］．北京：经济科学出版社，2001.

［2］财政部制定．企业会计准则（2020 年版）［M］．上海：立信会计出版社，2020.

［3］财政部制定．企业会计准则应用指南（2020 年版）［M］．上海：立信会计出版社，2020.

［4］黄舒淇．AI 时代背景下中小企业会计职业素质提升研究［J］．乡镇企业导报，2025（2）：210－212.

［5］刘青，朱亮峰．论会计实验过程中的思想品德教育［J］．实验科学与技术，2008（5）：110－111.

［6］朱亮峰．职业素质 职业素养 执业能力——基于会计学专业学生视角［J］．大学教育，2018（5）：151－155.

［7］朱学义，高玉梅，吕延荣．中级财务会计（第 6 版）［M］．北京：机械工业出版社，2021.

［8］朱学义．会计实务训练与考核（第 3 版）［M］．北京：机械工业出版社，2009.

［9］朱学义，李兴尧，朱亮峰，等．会计岗位实务训练（第 4 版）［M］．北京：机械工业出版社，2016：158.

［10］朱学义．论财务管理专业、会计学专业素质型培养目标［J］．会计之友，2007（1）：84－86.

［11］朱学义．论高校会计专业学生的综合素质［J］．广西会计，2000（12）：34－37.

［12］朱学义，王一舒，朱亮峰，等．会计实务综合训练（第 4 版）［M］．北京：机械工业出版社，2016.